黄道周

（1585—1646）

福建历史文化名人丛书
福建省社会科学界联合会 编

黄道周

道德文章　一代完人

孙英龙　编著

海峡出版发行集团 | 福建人民出版社
THE STRAITS PUBLISHING & DISTRIBUTING GROUP | FUJIAN PEOPLE'S PUBLISHING HOUSE

图书在版编目（CIP）数据

黄道周：道德文章　一代完人/孙英龙编著.--福州：
福建人民出版社，2016.4（2020.11重印）
（福建历史文化名人丛书）
ISBN 978-7-211-07365-8

Ⅰ.①黄…　Ⅱ.①孙…　Ⅲ.①黄道周（1585～1646）一生平事迹
Ⅳ.①B248.99

中国版本图书馆CIP数据核字（2016）第065197号

黄道周
HUANGDAOZHOU
——道德文章　一代完人

作　　者： 孙英龙
责任编辑： 陈　宽
出版发行： 福建人民出版社　　**电　　话：** 0591-87604366(发行部)
网　　址： http://www.fjpph.com　　**电子邮箱：** fjpph7211@126.com
地　　址： 福州市东水路76号　　**邮　　编：** 350001
经　　销： 福建新华发行（集团）有限责任公司
印　　刷： 福建省金盾彩色印刷有限公司
地　　址： 福州市金山浦上工业区D区24幢
开　　本： 700毫米×1000毫米　1/16
印　　张： 7.5
字　　数： 91千字
版　　次： 2016年4月第1版　　2020年11月第2次印刷
书　　号： ISBN 978-7-211-07365-8
定　　价： 25.00元

本书如有印装质量问题，影响阅读，请直接向承印厂调换。

总 序

李 红

社会科学承载着“认识世界、传承文明、创新理论、咨政育人、服务社会”的重要功能，是人类赖以传承的精神支柱。近年来，福建省各级各部门认真贯彻《福建省社会科学普及条例》，社会科学普及工作扎实开展、稳步推进，通过举办全省社科普及宣传周、建立社科普及基地、开办社科普及讲坛等社科普及咨询平台载体，其制度化、常态化、大众化工作取得了明显成效。

习近平总书记指出，文化是民族生存和发展的重要力量，中华优秀传统文化已经成为中华民族的基因，植根在中国人内心，潜移默化地影响着中国人的思维方式和行为方式。福建文化是中华文化中极富特色的一部分，深度融入了中国文化的进程，展现出突破陈规、积极进取、兼容并包、锐意创新的胸襟和气魄。向大众传播福建优秀的历史文化知识，是福建省社科普及工作的重要内容。以接福建地气、讲福建故事、塑福建形象、续福建文脉的姿态编辑出版的“福建历史文化名人丛书”，既较为全面地展示了福建文化深厚的历史底蕴和丰富的人文精神，也为福建当下的社会文化建设提供了有益的资鉴。“福建历史文化名人丛书”所包含的朱熹、林则徐、严复、陈嘉庚等人物传记，记录了福建文化之于中国历史的影响，同时也以人物史的叙述方式生动地展现出中国人文精神的风骨和传统文化的传承。

今天，我们提倡和弘扬社会主义核心价值观，必须从中华优秀传统文化中汲取丰富营养，否则就会缺乏生命力和影响力。“福建历史文化名人丛书”记录了福建历史文化人物的价值观践行轨迹，重温了这批福建历史文化乃至中国历史文化史上重要人物的生命历程，以浅显晓畅、通俗易懂的叙述方式讲述了中华优秀传统文化传承的当代意义，开辟了社会科学知识进入千家万户的新路子。

“最忆市桥灯火静，巷南巷北读书声。”一套好的社会科学普及丛书，总是能带动起读书的风气。将学习作为一种追求、爱好和健康的生活方式，也是“福建历史文化名人丛书”所期望实现的目标。在文字中领略福建地域文化魅力，在阅读中传承传统文化养分，在感悟中提升人文道德情操，社会科学普及丛书的出版，可谓正当其时。

（作者系福建省人民政府原副省长，福建省政协原副主席）

目　录

銅山風動石

第一章

闽海才子

明朝末年，黄道周出生于漳浦铜山的书香门第。他从小天资聪颖，而且勤于学问，饱读诗书，才思敏捷，尤其精于天文和《易经》知识，被誉为“闽海才子”。

昭穆是一种古代的宗法制度，指宗庙中神主牌的排列次序。始祖居中，以下子孙分别排列左右两列，左昭右穆。先世为昭，后世为穆。单数世为昭，双数世为穆。父为昭，子为穆。长为昭，幼为穆，嫡为昭，庶为穆。

在风光秀丽的国家AAAA级东山风动石景区西面，有一座明代古建筑黄道周故居。

明神宗万历十三年（1585年）二月初九，黄道周诞生于福建漳州府漳浦县铜山千户所（今东山县铜陵镇）深井村。

据黄氏族谱与黄道周《乞言自序状》介绍，黄道周的家族始祖是明代初年从莆田来铜山定居的。

黄道周的先祖黄启裕原居住在兴化府莆田县兴德里前黄村。明洪武二十年（1387年）编隶军籍，二十七年移调铜山所，驻于郭内东厢子孙家。黄启裕成为铜山黄道周家族的开基始祖，即一世祖。诗曰：

启裕随军戍铜山，开基东门把家安。

繁衍至今六百载，人才辈出堪称赞。

铜山深井村黄氏昭穆为：

长从常时，公士家世，显谨承思，应立奇功，君德祖恩，臣子为宗，鸿基盛业，万福攸同，昭我孙胤，受禄芳琮。

洪武初年，倭寇不断侵扰劫掠我国沿海，后来越发猖獗，造成巨大的损失。于是明太祖朱元璋下令在沿海加强备倭防御。洪武二十年，江夏侯周德兴奉朱元璋之命，到福建沿海各处要塞建置16座卫所防城，设立45个巡检司，配备官兵1200人，训练兵民十余万，分戍布防备倭。周德兴于四月二十六日设立铜山守御千户所，隶属镇海卫。铜山所最初由漳浦籍官兵戍守，因离家乡近，屡次回家，倭寇出现时常不在岗，所以洪武二十七年调兴化府（今莆田仙游地区）莆禧所军驻守铜山。这年中秋节，周德兴开始修筑铜山守御千户所城，即铜山城。黄启裕从莆田调到铜山守卫，从此定居铜山深井村，就在铜山城

建于明代的东山黄道周故居

东门，因此也称东门黄氏，传至黄道周时已经是第六代。

东山县黄道周故居于1961年被东山县人民政府公布为首批县级文物保护单位。

走进故居大厅，只见中堂悬挂着黄道周肖像，角巾素服，庄严肃穆，此肖像作为家传珍贵文物保存下来，以供子孙及参观者瞻仰。画像配有对联：“纲常万古谁能偶，节义千秋孰比肩。”厅堂左墙上挂着数幅黄道周书法复制品：“经年尘土满征衣，特特寻芳上翠微。好山好水观不尽，马蹄催趁月明归。”“燕子楼前燕子飞，旧巢犹在主人非。楼中盼盼楼前燕，肯向他人楼上居。”或行或草，质朴藏古，峻劲方正，刚中带柔，拙朴沉毅，锋凌劲健，字形奇异，风骨峭然，极具阳刚之美。大厅左边墙上还悬挂着黄道周夫人蔡玉卿的肖像画。

黄道周与蔡玉卿像

季布，西汉将领，初为霸王项羽帐下五大将之一，后为刘邦用，邦为郎中，他为人仗义，好打抱不平，以信守诺言、讲信用而著称。

“翰墨香”的故事

黄道周出生这年，附近风动石旁边，忽然长出一株青翠可爱的荔枝树，历经寒霜酷暑，顽强地成长起来，人们都说这株荔枝树是黄道周带来的。当地老百姓把这株荔枝树称为“翰墨香”。

这株荔枝树沐浴着阳光雨露，越长越茂盛。十年后黄道周写出了精彩的文章，这株荔枝树竟然结了360颗艳红的荔枝来。后来“翰墨香”年年硕果累累，芳香袭人，成为著名的荔枝品种。

隆武二年（清顺治三年，1646年），清军大举南侵，黄道周毅然带领学生和义民，抗击清军，终因孤军无援被俘，英勇就义。黄道周殉难后，“翰墨香”也枯死了。

清代诗人陈寿祺为此赋诗：

> 翰墨名香天下宝，花实周天通《易》道。
>
> 花果曾同忠献树，祯祥孰若科名草？

今天，在原来荔枝树生长的地方，耸立着一块巨石，上面镌刻着“明黄石斋先生故里”几个大字。

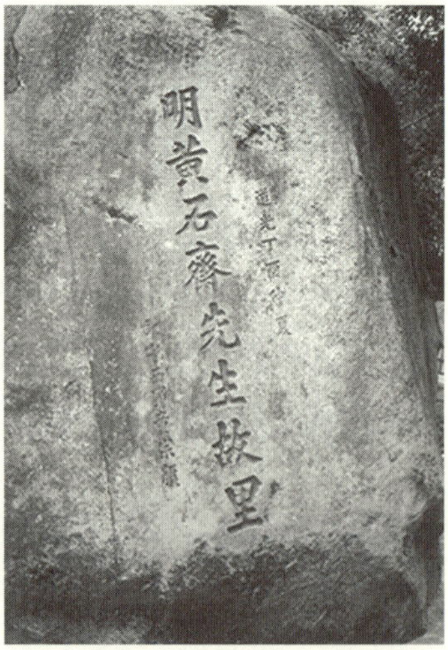

东山黄道周故里摩崖石刻

黄道周出生于书香门第。父亲黄季春（1544—1607），字嘉卿，人称黄季布，私谥青原。黄嘉卿任侠有胆识，初习兵法，后来研究理学，是黄道周的理学启蒙者。同时他会书法，善于写大字，对黄道周也有相当的影响。明嘉靖末年，他跟族人督造战船，突然遇到士兵叛乱，叛兵胁迫他一起参加，他勇敢地拔出剑砍死两名士兵，然后轻松脱身。事情平息后，一名将领苦于没有功劳，听到这件事情，深夜来和他商量，要以百两白银相交换。黄嘉卿讽刺他：大丈夫不去杀死倭寇强敌，难道想杀两叛兵卖钱吗？然后扔下两个头颅，拂袖离开。从此黄嘉卿得到“黄季布”的声誉。黄嘉卿最后被赐赠文林郎。

黄道周的母亲陈氏（1548—1626）是铜山后山人（文公祠山下），人称黄氏文母。出自书香之家，通晓“四书”，知历史，晓大义，时常敦促黄道周勤学深思。陈氏经常说：“女子不纺绩，男子不读书，坐得一钱者便是辱人贱行。”陈氏在79岁时去世。于天启壬戌年（1622年）被封为“太孺人”，累加追赠太夫人。

少年显峥嵘

黄道周5岁进入私塾崇文书院学习。他很聪明，也有钻研精神，有一次塾师在讲授《论语》时，黄道周提问：“为什么孔子只教人读书，有子却还教人孝顺敬爱呢？为什么孔子只教人要老实，而曾子还教人明白事理呢？”这个问题连塾师也无法回答。

鹰石洞

7岁时，父亲黄嘉卿特意从府城（漳州）购买《通鉴纲目》一部背回家，亲自讲授指导。黄道

云山石室

周早晚认真学习，数月不出户，逐渐能分辨古今邪正忠良，认识仁政王道。8岁时，黄道周已经能写作骈体文。他特别喜欢带着书本来到山顶上，倚靠大树或者大石头认真阅读，他跟哥哥黄道琛在渔鼓溪的顿坑学习了几年，从经传子集到诗词音韵，从炼丹之术到阴阳五行都有涉猎。12岁时就写出《书嵇康〈琴赋〉后》，时人叹为天才。

黄道周的家在风动石边，家对面有一个海岛——东门塔屿。有一天，黄道周和哥哥驾着一只小船来到塔屿游玩，看到岛上风景优美，环境幽静，特别是有鹰石洞、云山石室，觉得这儿是个读书的好地方，就把被席搬到鹰石洞住下，并到鹰石洞附近的云山石室读书。至今石洞口分别镌刻着“石斋”和“云山石室”。相传有一天兄弟俩正聚精会神地读《易经》，一只老虎出现在黄道周身旁。他对老虎说，我们兄弟俩在这里谈论经典，你也来听吗？老虎竟然低伏身子离去了。

黄道周才思敏捷，据说曾有位儒士与黄道周对对子。他出上联：

“尺量地面地长尺短短量长。”黄道周不假思索地对出下联：“船载石头石重船轻轻载重。”儒士大吃一惊，赞不绝口。一位爱对对子的渔夫在东门塔屿抓螃蟹，路过云山石室时，也出上联考黄道周：“蟹无头满盆是壳善横行爱藏石缝。”黄道周立即答道：“鳝有耳一篓无鳞喜曲游乐钻泥间。”这时，黄道周才十几岁。

铜山古城岵嵝山脚，有一座红砖碧瓦的小庙宇，供奉三国司马懿的神像，问别事不灵，只有求签赌“花会”时才灵验。

一天，少年黄道周从东门塔屿回家，步行路过司马懿庙，看到善男信女在问卜求签，他感到十分奇怪。在问明缘由后，黄道周回家后立即写了一副对联：“巾帼遗羞当年尚恐诸葛计，拍头出字今日方知司马灵”，贴在司马庙门口。这副对联是讽刺司马懿的。至今，司马庙遗址尚存。

黄道周不仅读万卷书，还行万里路。13岁至16岁期间曾游历附近的漳州平和县、广东博罗县，也留下了诸多论述。

闽海才子

黄道周到了博罗县后，听说有一位叫韩日缵的翰林院检讨，以喜欢结交文人贤士著称，而且家中藏书很多。于是他拜访了韩日缵，交谈中说到罗山、浮山，他提笔撰写《罗浮山赋》，一气呵成，文字奇巧。韩大夫惊叹他是个奇才，赞扬他为“闽海才子”。于是邀请黄道周住在自己家，并且让他博览家中的藏书，使他增加了许多知识。韩大夫给黄道周一匹马，派一位童子服侍，遍游罗浮山，寻找真人居住的朱明洞。其间颇多曲折，还差点遇险身亡。

当地有一位姓曾的公子，是位豪爽的人，一次在观海楼宴请黄道周。喝到兴奋的时候，曾公子请他以观海楼为题作赋。第二天黄道周一大早就起床，奋笔疾书数千言的《观海楼赋》，曾公子非常惊讶，

他自己整夜构思也没有头绪。从此这位“闽海才子”的大名传遍了广东博罗地区。

黄道周这段时期志在四方，游历罗、浮、嵩台、匡阜等地方，所到之处，文人墨客都尊敬地迎接他。

黄道周15岁旅居博罗时，有一户富贵人家要将女儿许配给他，被他婉言谢绝了。16岁他自广东博罗归家，父亲打开箱子，发现里面全部是诗词歌赋，他责怪儿子不学科举文章，于是黄道周将自己所作的诗赋文稿全部焚毁，开始专心应对科举考试。18岁那年，黄道周在研究《易经》象数学的基础上，写出了自己的第一部书《畴象》（8卷）。

万历三十四年（1606年）二月，因“族人之难”，黄道周移居渔鼓溪顿坑，继续和兄长一起耕读。哥哥比他大16岁，是他的启蒙教师之一，兄弟手足情笃，往来密切。黄道周不再远游，开始长居此地，修建了小屋子，周围种上芙蓉、荔枝、龙眼、榛栗、竹子等植物，引山泉成池塘，在此潜心读书。

黄道周在青少年时代，常常与好友游憩于铜陵九仙山（又名水寨大山），并以优美的辞藻写下了《铜山石室记》，记述此山风光。他赞美九仙山可以与天竺、虎丘、锡山、邹峰等名山秀水媲美。

黄道周与铜山樟塘村举人张廷范是好友。张廷范虽然考中举人，但不愿为官，过着隐居生活。他敬重黄道周的为人，两人常在羊角山青云洞里读书，研讨学问，吟诗作赋，抚松倚石。黄道周见羊角山风光奇特，便为这些景观命名，计十八景。张廷范在经济上给予黄道周很大的帮助，黄道周父亲病故后，家穷缺钱治丧，张廷范慷慨赠金，让黄道周能够顺利地为父亲办理后事。为此，黄道周对张廷范颇为感激。

后来黄道周中了进士，赴京任职前，特地回到铜山，拜别亲朋好友，看着家乡明净的大海，他离乡远行的情感被激发出来，于是即兴作诗一首：

张燮（1574—1640），字绍和，号汰沃，龙溪人，万历二十二年举人，潜心著述，屡征不仕。后隐居漳州南郊万石山。他的著作有《东西洋考》《霏云集》《七十二家文选》等。万历四十七年刊印黄道周《骈枝别集》，并作序，称黄道周为“余畏友”。

海屿湛清秋，小渚涵白泽。
灏气识归帆，鲲鹏自促侧。
常怀万里心，荡以负山力。
徘徊十年间，依然见人臣。

黄道周与铜山大海结下了深缘，绘画题诗常落款“铜海”。他每次返回铜山都在南溟书院讲学。见到家乡科举兴盛，文化繁荣，经常自豪地说：“吾乡子弟，虽划船荡浆，亦能文章，岂虚语哉！”

万历三十五年（1607年），23岁的黄道周首次参加县考试，名列第一。但因他四月丧父，无法登县学籍。漳浦县令黄应举召见他，看完他悼念亡父的文章后，惊叹于他的才华，亲自为黄道周所写的《续骚》撰序，并印刷出来。

24岁那年，黄道周来漳浦，执教于退休户部左侍郎卢维祯的家塾，卢维祯非常尊敬并厚待他，每天派人伺候，时间一长，黄道周逐渐感到不习惯。正好，著名学者张燮有一次来漳浦，黄道周与他相识。张燮返回漳州后，向乡翰林院检讨高克正推荐，高克正致书邀请黄道周。这年秋天，黄道周辞去卢维祯家塾师，应邀来到张燮家塾中执教，从而结识其父张廷榜、从弟张绍科，以及退休云南布政使薛士彦、原深州知州林茂桂等人。黄道周平日正襟危坐，左图右书，所以高克正不敢轻易来访，张家也不敢请黄道周饮宴，都是吩咐子弟们恭敬地伺候黄道周起居。张燮经常和黄道周探讨问题。后来黄道周在书信中称自己曾经躲在书斋近千日。在这段时期，黄道周的名声震动漳浦、漳州，许多漳州士人前来求教《易经》的知识。

黄道周的讲学宗旨是：“严于律己，忘我为人”。他告诫门生

漳浦文明书院（明诚堂）匾

说：“一个人如果近于势利，就必须避着他。古人读书，入山必入深山，入林必入密林，还不但是闭门呢！”由于黄道周学贯古今，远近慕名前来就学的学生最多时达到上千人。

黄道周提倡忠孝，他的言行感动了许多门生，他们终生追随并效法他，有的人甚至在他被俘和临刑时自愿从难。

万历三十七年（1609年），黄道周为父亲守丧期满。五月，奉侍母亲迁居漳浦县城，娶夫人林氏。七八月到广东新会参加乡试，但没有考上。秋后，迁入县城东面新筑的居所，至此，黄道周已经三次搬家了。后来他的学生将这里改建成为明诚堂，现在是黄道周的祠堂。隆武二年（1646年），这里获赐赠匾额“文明书院”。黄道周曾作《易本象》共8卷，探究天地人间的规律，但他认为这些不足以穷尽《易经》的奥妙，于是嘱咐学生张若化、张若仲将草稿保存在山洞中，不要流传于世。

这年七月，黄道周到省城参加考试，但由于各种原因而错过了考试日期。

研究天文

黄道周经常去漳州，与师友们切磋学术。许多长辈和知名人士竞相引见，与他交往。黄道周虽然是平民身份，他的举止却像古代贤人。

有一天，黄道周到在乡浙江按察副使郑魁家作客，他摆好晷测量日影。郑魁问他，北极星什么时候处在天空正中？日影什么时候偏向南方？太阳升起和落下是不是在卯时和酉时？三个问题，黄道周一个都答不上来，为此他十分羞愧，回家后下决心发愤研究天文星象，探明其中的奥秘。

黄道周为了专心研究天文知识，把家里的大门用“涂角”（三合土块）堵塞起来，旁边开个小门，只许学生和文友出入，不与其他闲人往来。

每到无云的夜晚，黄道周就搬一只竹椅，坐在庭院中，细心观察天文现象。经过持续两年的细微观察和研究，他终于弄清楚了南北中分、阴阳盈缩的道理。后来，他设计了一座教具“天方盘”（又名“天方图”），给学生讲课。这座“天方盘”如今已成重要文物，安放在漳浦黄道周纪念馆的大院里。

黄道周制作的天地盘

天方盘又名天地盘，是黄道周亲自制作的石制正方形石盘，每边长3.78米，高徵士是指由朝廷召用的学行兼优的人。

42厘米，分两层，上层小于底层座，盘面刻1万多个小方格和8个大小不等的同心圆。方格和圆圈纵横交错，极为神秘。据研究，方格表示“地”，圆圈表示“天”。据说是黄道周演绎《易经》用的，在他的专著《三易洞玑》中可以见到这张图。

万历四十年（1612年），28岁的黄道周增补为漳州府生员。督学冯挺看到他的文章，大为赞赏，就提拔他赴省城参加考试。但在秋天的考试中落第归来。

当时，在铜山有一位名叫陈士奇的先生，学生们称为“西陈”，还有一位陈瑸先生，学生们称为“南陈”，他们因为清贫而亲近，与黄道周朝夕相伴。黄道周常常赞叹西陈的才干与南陈的器量。后来他们成为进士并在朝廷做官后，清正廉洁勤政爱民。明永历二年（1648年）秋，福建巡抚路振飞在东山风动石题刻：“铜山三忠臣，黄道周、陈瑸、陈士奇。”三人都是铜山人，陈瑸任七省军务，陈士奇任四川巡抚。

29岁那年，黄道周在漳浦东皋家中闭门不出，专心著述，撰写了易学著作《太咸经》。

万历四十二年（1614年），黄道周再次参加漳州府的考试，名列第五。第二年，黄道周第三次游历广东。这一次的广东之行主要是因为潮州知府詹佐雨听说黄道周学问品德高尚，于是专门派遣使者隆重将他迎来为儿子讲学。黄道周在参加宴会时有人请他即席撰文，结果一杯温酒还没凉而文章已经写好了。秋天，黄道周从潮州回家后第三次参加乡试。主持考试的官员看到他的文章，准备列为第一名，但是最终因格式不规范而落榜。为此，福建提学副使郑三俊惋惜良久，此后他又请黄道周代写新举人名单的题跋《齿录后序》。

黄道周一直坚持著书，到他32岁时，已编写了《易本象》8卷、《畴象》8卷。接着又闭门编写《诗撰》《春秋揆》等书。

黄道周34岁时第三次参加漳州府考试，福建督学岳和声到漳州主考，选拔黄道周为第一名，并且与他讨论罗从彦、李侗的理学思想，对他“喜怒哀乐未发”的观点极为欣赏，于是请他到福州讲学。

八月，他第四次参加乡试，中了举人，但因策论抨击时弊，只能屈居第二名。

十一月，黄道周赴北京参加第二年春季的会试，但落第而归。此时，黄家经济更窘困了，他在给学生的信中说，自己艰难赴考，却屡次不中，看见老母亲双鬓花白，家徒四壁，日子拮据，甚为伤感。尽管穷困潦倒，比当秀才的时候更落魄，他仍然不为外物所困，著书不怠，撰写了《三易洞玑》。

天启元年（1621年）秋，黄道周以举人身份第二次赴京参加春闱考试，终于考中进士。这一年黄道周38岁。天启三年，黄道周元配林夫人去世。天启六年春，15岁的蔡玉卿嫁给黄道周为继室。

蔡玉卿（1612—1694），又名孝徽，字润石，又字玉卿。万历四十年五月，她出生于一个书香门第。父亲蔡乾鎏隐居于福建龙溪鹤峰（今龙文区蔡坂村），他的父亲有两个兄弟：长兄乾釜号石山，是万历年间进士，官职为户部郎中；二兄乾鎜，字宜新，是蔡春溶（最后追随黄道周就义）之父。蔡玉卿自幼聪明伶俐，受儒家思想熏陶，喜爱读书，性情恬静寡言，不苟言笑，不露才华。

长大后，蔡玉卿逐渐成为一位深明大义，有骨气、有政治远见，贤德过人的女子。结婚后她以贤良和孝顺而闻名，是黄道周的贤内助，也是知心伴侣。她一生大力支持帮助丈夫的事业，和丈夫同甘共苦，任劳任怨。

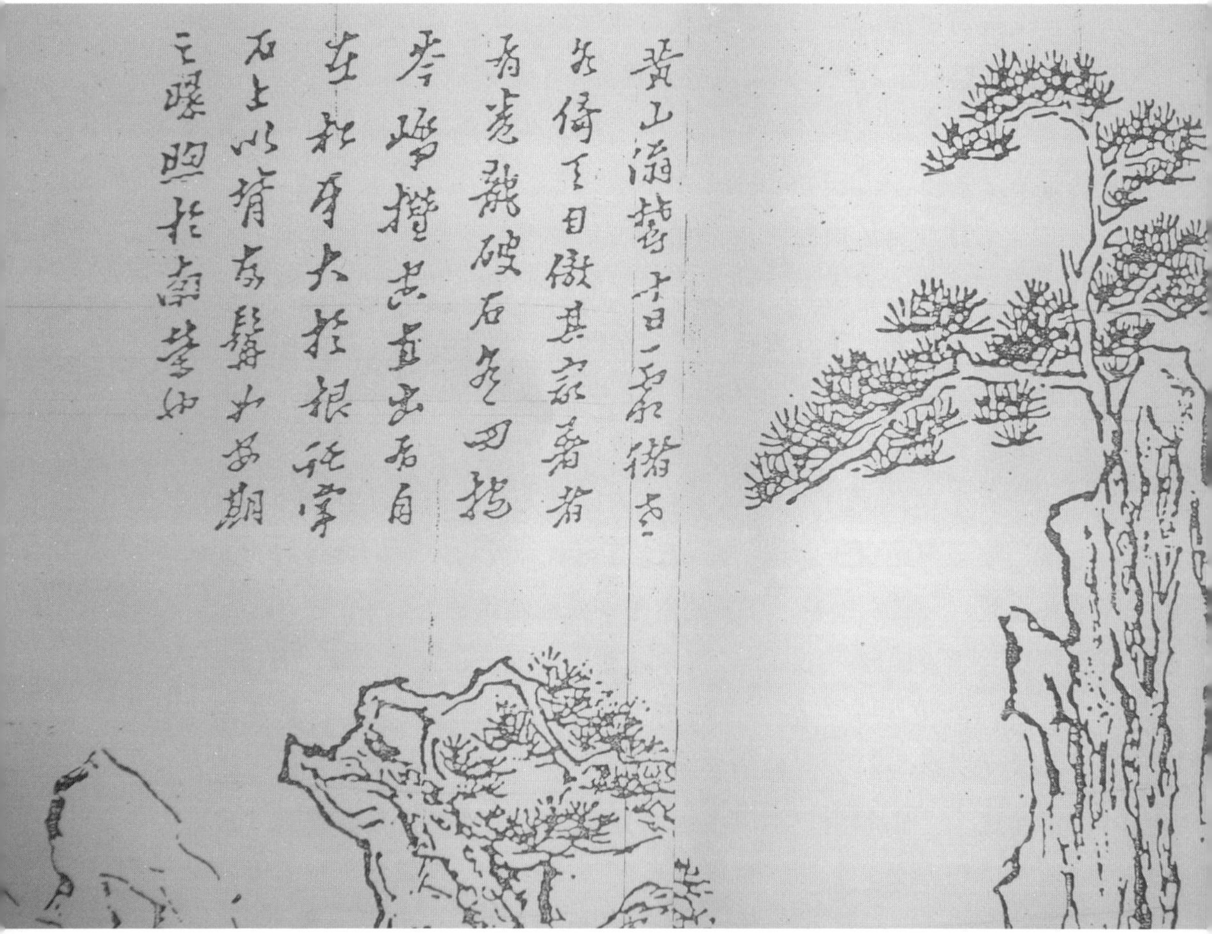

第二章

坎坷仕途

黄道周考中进士之后入朝为官。由于他刚正不阿，忠直敢谏，多次为了维护礼法或弹劾、营救其他大臣而与皇帝激烈辩论，引起皇帝不满，他的官职也是时升时降。

经筵指汉、唐以来帝王为讲论经史而特设的御前讲席，讲官以翰林学士或其他官员担任或兼任。

儒者风骨

黄道周考中进士后，被选为庶吉士，散馆时，被授为翰林院编修，担任经筵展书官。官职虽小，却很重要，他的职责是给当朝皇帝授课时呈送书籍资料。

过去，经筵展书官给皇帝进送书籍资料时，必须手捧经书跪着前行，不能平步行走。这是老规矩，任何人都必须照办。

可是，黄道周当了经筵展书官后，他认为，自己既然给皇帝准备授课资料，讲经书，也就是皇帝的老师，作为一位老师就要维护师道的尊严，老师怎么能给学生下跪授课呢？尽管面对的是皇帝，但皇帝也是学生啊！老师教学生就应该平步行走，绝不能下跪膝行。

尽管这个决定存在很大的风险，甚至可能会因此掉脑袋，但是黄道周却认为只有这样才符合礼数，所以他并不害怕。果然，当他第一次进入内庭时，就昂首阔步地给皇帝进书，且十分坦然自在。

这可气坏了阉党头子魏忠贤，他这时正站在皇帝的身边，看到黄道周不下跪膝行，十分恼火，怒目而视，然而黄道周对此却视若无睹。

魏忠贤气急败坏，心里骂道：你一小小的展书官，竟如此大胆放肆，目无皇上，将来一定要找个机会杀掉你。当时，魏忠贤权倾朝野，被人称为“九千岁”，他要杀掉黄道周是十分容易的。然而魏忠贤每次总没有机会下手，因为维护师道尊严是儒家的一贯主张，朝廷没有理由不执行。

东林党是明朝后期在一些中小地主、中下级官吏和地主阶级知识分子中形成的一个政治集团。在政治和经济等方面提出过一些改良主张，反映了人民的一些要求，遭到统治集团的迫害和镇压。由于他们常在东林书院以讲学为名议论朝政，因此被称为东林党。

营救周起元

周起元（？—1626），字仲先，号绵贞，福建海澄（今龙海市）人。万历三十九年（1611年）进士。历知浮梁、南昌，后改御史，上疏力护东林党。巡按陕西，后来受到东林党事件的牵连，被贬广西参议。天启二年（1622年）先任太仆少卿，后改苏松十府巡抚。

黄道周与周起元是挚友，两人经常议论时政。黄道周认为东林党人主张开放言论，实行改良是对的。然而东林党却遭到朝廷权贵的敌视，魏忠贤的党羽千方百计迫害、冤杀东林党人，因此也敌视黄道周、周起元等人。

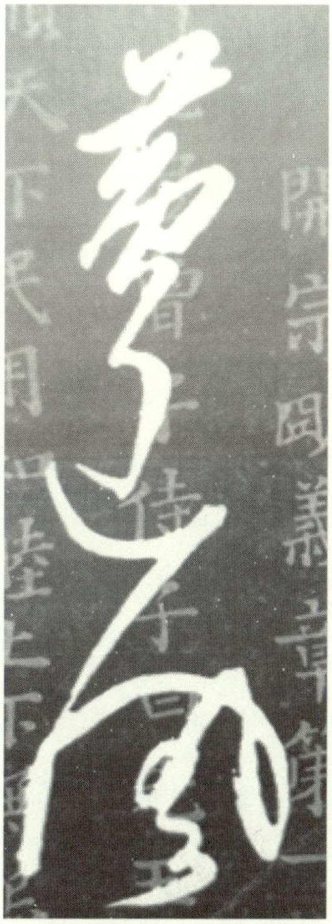
黄道周自书名

黄道周与周起元的私交也不错。黄道周夫人林氏曾侍奉母亲到北京，不幸在行至浙江嘉兴时因病去世。刚好周起元正在姑苏一带巡视，听说黄道周在京都，不能及时赶到，就主动代为办理林氏的丧事，并派人护送老夫人到京都。天启六年（1626年），周起元纠劾织造太监李实贪恣不法，又为苏州同知杨姜辩冤。魏忠贤阉党诬蔑周起元，说他巡视吴地时，贪污的赃款达十余万两白银，因此周起元被立即下狱拷打审问。周起元是一位忠贞清廉的官员，哪来的赃款呢？海澄知县见周起元没有给他送礼，为了讨好魏忠贤，将黑手伸向了周起元的儿子周彦升。

当时黄道周正在漳浦讲学，得知周起元受诬陷被逮捕入狱受酷刑，又连累了家属，十分气愤。他决定营救周起元。虽然家中经济比较困难，但为报答和营救周起元，他仍想方设法凑了数千金，为周起元打点，希望他能早日出狱。银钱已派人送去了，黄道周天天盼着好消息到来，然而等来的却是惊天噩耗：周起元最终受尽迫害，惨死在监狱中。黄道周听到消息，悲痛万分，但更坚定了自己为朝廷进谏忠言的决心。

黄道周与“郑鄤案”

黄道周一生为人忠直，有义气，为了营救无辜的忠臣，他可以赴汤蹈火，即使赔上身家性命也在所不惜。

崇祯年间，首辅温体仁陷害了不少忠臣，当他要陷害郑鄤时，黄道周一再上疏，慷慨陈言，极力为郑鄤辩护。然而他不但没有救出郑鄤，自己也为此事几乎致死。

郑鄤（1594—1639），字峚阳，江苏常州人。他是东林党人，天启二年（1622年）与黄道周、文震孟相约上疏弹劾魏忠贤，因此触怒了阉党，被降级外调。

天启五年，黄道周请假归乡，与母亲一起到郑鄤家，亲眼看见郑鄤是如何孝敬继母吴氏的。第二年，郑鄤因太仓进士顾同寅等人写诗悼念熊廷弼一案受牵连，被削籍。崇祯三年（1630年），黄道周出山勤王途中，一度把妻儿暂寄郑鄤家。两年后，黄道周削籍归乡，携妻儿又在郑鄤家相聚，两人交情深厚。

郑鄤曾经去拜访过首辅温体仁，温体仁问他对朝廷有什么建议。郑鄤出于忠心，直言不讳地指出国家人才匮乏的现状，同时他又尖锐地点明了朝廷不重用人才的弊病。温体仁当时就恼怒地说，不是朝廷不用人才，而是无人才可用。郑鄤反驳说，如果朝廷能用人，人才就会出现；如果朝廷不能用人，人才就被埋没了。现在边防紧张，要是能像萧何赏识韩信那样，还怕边防不牢固吗？郑鄤这些忠言对于国家是有利的，但温体仁听后却担心若重用郑鄤反而会威胁到自己的地位，于是决心除掉郑鄤。果然，一个月后，温体仁便用“迷惑父亲披剃为僧，迫使父亲杖责母亲”的罪名奏请惩办郑鄤。这个罪名可是不孝大罪，郑鄤被送交刑部审理。

郑鄤的母亲吴氏性情残暴，屡次虐死婢女，所以他假借扶乱，伪托神仙的交代，令父亲杖责母亲。按这个情况，郑鄤杖母情有可原。因此，黄道周一再为郑鄤辩护。但有权有势的温体仁一概不理，甚至还主张对郑鄤处以极刑。刑部尚书冯德英以证据不足为由，拒不从命。恼羞成怒的温体仁连冯德英也给撤职，并移交锦衣卫镇抚司。即便是这样，郑鄤还是无法被定罪。

温体仁又挖空心思，再罗织罪名，千方百计加以陷害。郑鄤先前有一个学生韩不侠，师生俩感情很好，韩不侠将2岁的女儿许配给郑鄤3岁的次子为未婚妻。后来，韩不侠夫妇都去世了，他们的女儿由郑鄤收养，一年后病死，死时才12岁。温体仁用一大笔钱收买一个叫许曦的人，诬告郑鄤强奸童养媳致死，因此郑鄤再次被抓起来严刑审讯。这个冤案引起了朝臣的反对，黄道周等人都提出异议。皇帝听了众朝臣的意见，心里也同情郑鄤，就把他释放了。然而温体仁不死心，要置郑鄤于死地，于是他再唆使许曦与陆完学编造秽亵不堪的歌谣，声称来自民间，然后又贿赂太监奏报给皇帝听。这下，崇祯帝就完全相信了。最后在温体仁等人的百般陷害下，郑鄤冤屈而被磔杀。

长期以来，温体仁由于图谋起用魏忠贤阉党的旧人，陷害了不少忠良，受到众朝臣的弹劾，黄道周更是屡次慷慨陈言。崇祯皇帝十分痛恨魏忠贤的党羽，就罢了温体仁的官，换上了杨嗣昌。

这时，黄道周由右中允晋升为左谕德，掌管司经局，他上奏章魏晋以来称太子宫为春坊，春坊也指太子宫所属官属名。唐置太子詹事府，以统众务；左右二春坊，以领诸局。历代相承，属官时有增减。明清时实际成为翰林院编修、检讨开坊升转之所。清末废。

辞谢，说自己有“三罪、四耻、七不如”，他说的“七不如”中，特别提到“文章气魄、坎坷磊落，不如郑鄤”，又说评价一个人应该实事求是，不能因一些缺点，就认为全无是处。黄道周这个奏章完全是为郑鄤说话。

黄道周说自己还不如名声已被奸臣搞得很臭的郑鄤，大家都感到吃惊。崇祯皇帝非常愤怒，斥责黄道周“倒置是非”，令他陈状再奏，说明理由。黄道周当即就把郑鄤被陷害的事实和为他辩白的理由，说得清清楚楚。然而崇祯皇帝一句也听不进去，反而认为黄道周有意袒护郑鄤，更加愤恨，不仅斥责黄道周，对于黄道周的辩白也不予理会。

到了冬天，崇祯皇帝选拔朝廷官员，任命张至发继任首辅，同时排斥黄道周。这时，许多大臣都上奏疏极力推荐黄道周，甚至情愿把自己的职位让给他。张至发很不高兴，上疏说郑鄤杖母，本来已经明旨处置，而黄道周却说他不如郑鄤，这样的人怎么能任朝廷大官呢？因此，黄道周没有被重用，只不过提升为一个无权的四品官“少詹事”。

崇祯二年（1629年）冬，请假在家的黄道周听闻后金兵犯北京的消息，立即出山勤王，于次年四月到达京城。到京后，奉命和科臣熊德阳一起到浙江主持乡试。乡试期间，黄道周大公无私、清廉严肃、坚持原则，凡是托人情想要疏通的，全部拒绝。考试结束后，黄道周撰写了《浙试录序》《书〈浙试录序〉后》《自明试务疏》。选出98名考生上榜，解元曹振龙以及举人何瑞图、孟应春、朱朝英、钱朝彦、陆鸣熣等人后来成为大涤书院弟子。这次主考浙试，是创建大涤书院的契机。两年后，他削籍还乡，在大涤山创建了大涤书院。

十一月，因《神宗实录》编辑完成，黄道周晋升为右春坊右中允。

钱龙锡（1579—1645），字稚文，松江华亭（今上海）人，万历三十五年（1607年）进士。历官礼部尚书、太子太保、文渊阁大学士。

十二月二十一日，黄道周的大儿子黄麑诞生，他作了一首七律，在诗中黄道周语重心长地告诫儿子，乳汁不是从俸禄中得到的，将来应该记住《伐檀》诗，绝不能做不劳而获的事。

三救钱龙锡

崇祯三年（1630年）十二月，首辅钱龙锡因上年主持“定魏忠贤逆案”，也就是主持对天启年间阉党罪行清算的工作，被阉党所痛恨。他们借去年十月清军兵临城下，辽东抗清英雄袁崇焕被冤“通敌”而处以剐刑一案，诬告钱龙锡收受袁崇焕贿赂，再加上袁崇焕是钱龙锡推荐的，为此，钱龙锡入狱，阉党请求对他处以极刑。

钱龙锡曾极力举荐袁崇焕，袁崇焕杀毛文龙后，他被弹劾为与袁崇焕同谋越权擅杀大臣等多项罪名，于是托病归乡。当时的魏忠贤余党聚谋污蔑袁崇焕为逆首，钱龙锡等人为逆党，崇祯三年八月初六，山东道御史上疏，说钱龙锡曾接受袁崇焕数万两银子的贿赂。八月十六日，崇祯帝在平台召对群臣，宣布处死袁崇焕，同时谴责钱龙锡私结边臣，蒙隐不举，令廷臣议罪。九月初三，60余位大臣讨论后得出结论：“龙锡以辅弼大臣，事关疆域安危，而不能抗疏发奸，何所逃罪”。崇祯帝命人把钱龙锡从松江府华亭县家中逮捕，十二月押到京师，下锦衣卫监狱。有关衙门议定对钱龙锡立即斩首，甚至连刑场都准备好了。

由于袁崇焕案件在当时极其严重，所以满朝文武大臣——包括许多正直的东林党人在内——都害怕惹祸，无人敢向皇帝上疏为钱龙锡申辩。这时，独有黄道周忠肝义胆，挺身而出为钱龙锡洗冤，上奏疏极力为钱龙锡辩解。十二月十三日，他在得到消息的当天半夜就将奏章写好，一上朝直接上疏皇帝。大意是说，首辅因有罪督臣攀援关系的缘故而坐牢，这本来就很罕见，况且陛下自登基以来，首辅大臣被责备贬谪的已有九人，希望陛下能够从轻发落。假如有其他方法弥补钱龙锡的罪过，自己请求奔赴疆场，收复辽东失地，以此替钱龙锡将功补过。

奏疏呈上后，皇帝怀疑黄道周是在袒护钱龙锡，命令他回奏解释。于是他又分别于十二月十八日和二十七日两度奉旨上疏。然而，再多的辩解都是徒劳的，始终改变不了皇帝的决心，皇帝坚持说钱龙锡罪案已定，不准为他说情。

崇祯帝的怒斥，并没有使黄道周退缩。他是一个忠直的人，他想要救人就要救到底，哪怕自己吃罪也不退缩。他第二次写了奏疏救钱龙锡，劝崇祯帝要施行仁义，爱恤大臣，不要随便惩处。在再一次遭到皇帝的严旨斥责后，他又上了第三封奏疏，说钱龙锡、袁崇焕是对朝廷有功劳的大臣，对他们的处置过于严厉，不顾过去的功劳，这样做不够恰当，应该赦免钱龙锡的罪。

黄道周据理力争的行为大大触怒了崇祯皇帝，他气愤地责骂黄道周三番五次的上疏是在恶意诋毁、狂肆妄议、曲意包庇罪臣，按律当从重处罚，姑且从轻降三级调用。

皇帝虽然发怒了，但在冷静下来后还是在第二年五月十三日免除了钱龙锡的死罪，并释放出狱，改遣戍浙江定海卫。

削职为民

崇祯四年（1631年）正月十九，旨意下来，将黄道周降三级调用。而礼部官员又在黄道周主持浙江乡试的问题上吹毛求疵，多次弹劾。为此，他又再上三封奏疏请求退休。同僚倪元璐上疏抗辩，称赞黄道周是古往今来第一翰林文臣，并提出愿意把职位让给他。黄道周知道此事后非常感动。十一月二十七日，黄道周请求退休的奏疏，最终被朝廷批准了。

崇祯五年（1632年）正月二十四，黄道周整理好行装，准备离开京城返乡。看到奸臣弄权、国势日危，他忧心如焚，蔡玉卿关切地对丈夫说："所当言者，尽于此乎？"黄道周得到夫人的支持，决定进一步向皇帝陈说利害，于是第二天立即向崇祯皇帝呈上《放门陈事疏》，他抨击时弊，指出许多大臣缺乏深谋远虑，只会挑剔细枝末节。治理朝政应以督责为要事，管理边疆应以姑息为上策。他还劝皇帝改除弊端，防止奸邪，退小人，任贤臣。

皇帝看了这奏疏，心中很不高兴，并从其中摘出"葛藤""株连"等字眼，叫黄道周一一陈说明白。

正月二十七，黄道周呈上《放门回奏疏》，对"葛藤""株连"作了解释，他说，近年来诸位大臣只知道谋求私利，而不为朝廷着想。他们用人做事，都不过是为了结党或报复罢了。自前年春天以来，他们先是大谈边疆之事，后牵扯到科场，看似是为国家着想，其实也是为了保护逆党，好栽赃陷害忠良之臣。黄道周在奏疏中批评崇祯帝用人失当，重用小人，有讽刺内阁权臣周延儒、温体仁等人的意思，同时荐举人才，说马如蛟、惠世扬、徐良彦等人都有俊秀雄伟的才干，如果让他们独当一面，一定会取得显著的成绩。

此疏呈上后，皇上看了心里更加不高兴，以"滥举""呈臆"（即胡乱举证、任意臆测）的罪名，将黄道周贬为平民。对此，蔡夫人并无丝毫怨尤和责怪，而是安慰勉励黄道周："上怒方殷，祸几不测，今削籍归，幸矣！"说皇帝正在气头上，没被杀头，而仅仅削去官职回家，就算万幸了。蔡玉卿当时才22岁，这种顾全大局、深明大义、洞察朝廷忠奸的能力，及对黄道周命运的预测，说明她富有政治远见。

据《中国名胜词典》载：“大涤山在浙江省余杭县余杭镇西南。又名大辟山。是我国道教的第三十四洞天。山有四峰，中有大涤、折茆、栖真、石室、归云、鸣凤、蜕龙等洞。其中大涤洞上下平划如削，洞壁泽润如黑玉，洞深百余步。入内有响石二块，叩击发声如钟鼓。近旁原有建于唐代的道观洞霄宫。”

二月，黄道周离京南下。一路上游览了孔林、周文公庙、九龙山、孟林、黄山、白岳山、九华山、皖台、庐山等地。

大涤讲学

崇祯五年，黄道周在还乡的路上，由曹振龙、何瑞图陪同，访大涤山，创建大涤书院。后来又因崇祯十年（1637年）分考会试，增加了一批门生，黄道周于崇祯十一年、十五年、十七年讲学于大涤书院和杭州期间，与曹振龙、何瑞图、孟应春、朱朝瑛等浙江乡试举人，以及崇祯十年进士陈子龙等人，相从问业，吟咏唱和，先后五次在大涤书院讲学。

崇祯五年七月下旬，黄道周抵达浙江余杭县，偕门生何瑞图游径山，登凌霄。因为两个人都生了病，后来进入大涤山，在洞霄宫歇息。病中又游览山中的大涤、栖真、归云、龙蜕、凤鸣五洞，于是在此创建大涤书院，由何瑞图负责营建讲舍。

崇祯十一年（1638年），黄道周第二次来到大涤学院讲学。崇祯十五年（1642年）四月二十五日至五月下旬，黄道周第三次在大涤书院讲学期间，广泛讨论理学和《易》《诗》《礼》、乐律等。这次问业的弟子多达48人，并有多篇讲问记录流传下来。

这年的十一月上半月，黄道周第四次来到大涤书院。随从弟子有何瑞图、刘履丁、姚奇胤、曹振龙、邵先之、毛仪伯等人。十四日，由这些弟子送他回福建，师生在富春江岸的桐君山赋诗而别。他这次居留大涤书院，前后不超过13天。未见讲问记录。

何瑞图是黄道周在大涤书院最忠实的弟子。他不求做官，自崇祯五年起至清代初期，专营大涤书院，并在学业上一直追随黄道周。崇祯十五年参加校刊黄道周《易象正》等书。明朝灭亡后，撰《〈石斋麟书〉纪略》，并与吕叔伦等大涤同窗将黄道周遗作编辑为《大涤函》等。

崇祯十七年（1644年）十一月上旬至十二月三日前后，黄道周第五次入大涤书院讲学。其间吟诗作赋，并将其中一部分写成绫幅，赠给弟子朱朝瑛。

黄道周一生刚正不阿，忠诚爱国，在朝堂上他大胆与皇帝辩论，其激烈程度，经常令同朝大臣感到震惊，替他捏一把汗。这也表现出黄道周超人的胆识和忠心。

家乡讲学

自从崇祯五年黄道周被削职为民后，便回到家乡一心讲学著述。漳浦北山有黄道周的祖墓，他经常在这里边守墓边为学生讲学。

东山县黄道周纪念馆

崇祯七年（1634年），黄道周50岁。他在谈经之余，多次劝学生研读历史。他还从自汉代到宋代的历代史料中选出12人，每人一传，二传合为一卷，每卷各以行为事迹相互比较，编成一本《懿畜前编》。这本书开篇首传是诸葛亮，而以邺侯李泌结束，包含着深刻用意；又从明朝兴起以来，以杨士奇为首共选出24人，还有若干人以附传的形式放在后面，编成一本《懿畜后编》。

这两本书记述了中国历史上的许多名人，有的简略，有的详细，写作风格与以前史学家不一样，此时曹惟才以莆田司法官员的身份代署漳州知府，诚心邀请黄道周弘扬孔子之学。因此在夏天，黄道周开始在漳州紫阳书院设立榕坛讲学，时间定在每季度的中间月份，召集文人雅士研究八股制艺，以文章论述圣人之道。并且每人发一张纸，记录碰到的疑难问题。黄道周采用先经典后传记、先文集后历史的顺序，列举近溪先生、敬斋先生等人的观点进行论证，用来说明修身养性的道理。久而久之，黄道周根据所解答的问题按次序编成《榕坛问业》，刊行问世。十二月才回到北山守墓。

第二年夏天，师生重新在榕坛集会。黄道周在家时谨守礼节，即使来到讲堂，服丧期间腰上的麻带也不解下来。学生张瑞钟问他：“听说朱熹老先生想要综合整理“三礼”，有些地方还是没有达到。吴幼清先生论述编订“三礼”比较有成就，但有遗漏。我们漳州地区一向遵守家庭礼节，但是服丧期间，也很少有人严格遵守丧礼。不知孔子学派的众多著作中，对于平时的居家礼节有没有详细论述？”黄道周说：“平时的家居礼节暂且不论，然而“三礼”的解释和编订，是一门要紧的学问。我早已做了分类编订和引申解释，但是平时使用的机会不多，还没有抄写而已。”

现在这座东山县黄道周纪念馆，过去是他念书和讲学的地方，建筑面积700多平方米，有展厅、拜台、院子、广场，环境优美，内大厅横匾为书法大师刘海粟手书“节义千秋”，外门匾为原全国人大常委会副委员长彭冲题“黄道周纪念馆”，内拜台石柱对联为福建师范大学副

东山县黄道周纪念馆匾额（原全国人大常委会副委员长彭冲题）

校长黄寿祺题写的“浩然正气直与文山同壮烈；卓尔奇才长教在海焕光芒”对联，拜台竖一尊黄道周像。现馆内有“黄道周史迹展”“黄道周书画展”。展出了在全国各地及日本、英国等博物馆珍藏的黄道周书画复印件100多件。

朝廷辩论

崇祯八年（1635年）十一月，黄道周接旨以“清望”恢复右中允兼翰林院编修的官职。但他没有立即赴京就职。直到第二年，清兵入侵京畿的消息传来，他才立即进京，十二月抵达北京。

崇祯十年（1637年）正月初一，黄道周正式上朝觐见皇帝。二月，协助分考会试，选出进士21人。四月，草拟《拟论杨嗣昌不居两丧疏》，反对杨嗣昌夺情出任兵部尚书，也反对他的“溢地”“均输”等筹饷之策。

“夺情”是说该守孝而不守孝却出来做官。崇祯皇帝对黄道周的反对意见采取了宽容态度，不但没治他的罪，反而升他的官。五月二十六日，黄道周升任左谕德兼翰林侍读学士，掌司经局事。这是他第二次升职，从正六品升到从五品。

六月，他针对温体仁暗中诬陷复社、东林党人的行为，上《求言省刑疏》，反对加罪于复社与东林党人。

这时，他见朝廷内外交困，崇祯帝刚愎自用，廷臣树党营私，以邪压正，萌生隐退之意，上疏请求辞职，并自劾有“三罪四耻七不如”。用自我贬低的形式，进一步指斥朝政，希望崇祯帝能有所醒悟。

十二月十三日，黄道周升任经筵讲官少詹事协理府事兼翰林院侍读学士，兼管皇室族谱。这是黄道周自从担任翰林院编修以来的第三次擢升，也是他在崇祯朝的最高职位。黄道周上《让贤疏》，荐举蒋德璟、谢德溥代替自己。两天后皇帝降旨要他“不必固辞”，于是他就上任了。

明代黄道周像

崇祯十一年（1638年）一年内，黄道周先后与崇祯帝辩论过三次。

第一次是在二月十二日，首次侍经筵，并随班召对，讨论保举、考选这两种选拔官员的方法哪一种更好时，黄道周大胆批评以往用人不当的做法，阐述了自己的人才观，他说培养人才就如种植树林，当它经历严霜风雪之后，就要好好保护它的嫩芽。他还举荐了原刑部尚书郑三俊，虽然郑三俊在三天前因在“屯豆”“墙穴”案件中秉公执法而被怀疑“朋谋”，违背了皇帝的旨意，被冤下狱；同时黄道周希望为遭温体仁陷害的已故阁臣文震孟及其外甥詹事姚希孟平反。

这一天，黄道周面对至高无上的皇帝，大胆发表自己的观点，跟随朝班与皇帝辩论，说明自己的看法。他既激动又紧张，但却很认真。这时黄景昉、杨廷麟、徐石麒、卢象升、孔贞运等官员也请求释放郑三俊。

五天之后，郑三俊获释回原籍。第一次辩论，黄道周获得成功。

六月十八日，黄道周与崇祯皇帝开始了第二次辩论。他被皇帝召对于中极殿。此时朝政更加腐败，天灾频繁，农民起义四起，清兵在东面蠢蠢欲动，明朝腹背受敌，时局恶化，崇祯帝急需能干的军事统帅，因此寄希望于杨嗣昌等人，有意提拔杨嗣昌入内阁，遭到黄道周和东林党人的强烈反对。皇帝批评他们“清操之臣”“傲物难用”，黄道周抗言强调用人须“先清后明，明而后公”，并与崇祯帝当廷辩论。

这场反对杨嗣昌、陈新甲、方一藻秉政、款和之争，实际上在上一年黄道周写《拟论杨嗣昌不居丧疏》及《三罪四耻七不如疏》等奏疏的时候就已经开始了。虽然本次召对以崇祯帝自认“误听矣，只是泛论人才，不为诸臣而发”而暂告一段落。然而，黄道周并没有就此止步，回家后再次上三封奏疏，论述举荐总督大臣没有严格遵守礼制；论述宣府大同总督大臣夺情；论述辽东巡抚大臣议和条款。

关于论述辽东巡抚大臣议和条款的奏疏，黄道周指责满朝大臣没有一个能为国分忧、矢志报国、抵御外辱。辽东巡抚声称，和议达成就可以撤兵，再去讨伐流寇。先不说和议不可能达成，即使达成了，看看宁远、锦州、遵化、蓟州、宣府、大同的部队，哪个地方可以撤兵呢？这些大臣靠欺骗蒙蔽，诡秘行事，自取其辱。希望皇帝能慎重考虑，不然会遗祸无穷。

到了七月初五，黄道周与皇帝进行了第三次辩论。这次大辩论，黄道周据理力争，不畏强权。皇帝扣压三封奏疏不下发，又召见内阁大臣、各部府大臣以及黄道周，一同参与讨论。黄道周据理力争。崇祯皇帝不能容忍黄道周对他人事安排方面的指责，又见他在对话中，理直气壮，也不畏惧自己，就呵责他“一生学问只办得一张佞口（巧嘴利舌）”。黄道周义正辞严地反驳说，人臣在君父面前，如果做不到勇于直言，敢于争论是非、分辨正邪奸佞，那什么是忠诚？他劝谏皇上说，忠佞不分，则邪正也不明，这是从古至今为政的大戒。在黄道周看来，事关国家根本的“礼”“孝”绝不能动摇。哪怕是皇帝也

不能例外。黄道周在这场辩论中，以牺牲自己的政治生命为代价，希望在现实政治中维护孝道伦理。

尽管黄道周一片忠心，但是仍然得不到崇祯帝的认可。有人认为当时虽然皇帝心里敬重黄道周，只是因为时局艰难紧迫，不得不起用杨嗣昌、陈新甲二人。皇帝曾经在召见黄、杨的时候有意考过他们，让他们各写一篇命题作文，杨嗣昌语言简略，字迹潦草；而黄道周洋洋洒洒，书法端庄严谨。所以皇帝虽然没有重用黄道周，但还是想尽量留住他，由此可知，皇帝还是很爱惜人才的。

据《明史·黄道周传》载，崇祯帝认为可以嘱托军事大事的只有杨嗣昌，就破例起用了他。黄道周固守常理，据理力争，不合皇帝的心意。等进答皇帝所问的时候，又不谦让。皇帝非常生气，想要对他治以重罪，又惧怕他声名太高。由于吏部给予黄道周的贬处很轻，杨嗣昌担心这样一来，以后弹劾自己的人就会没完没了，所以紧急收买人弹劾他。刑部主事张若麟想改调兵部，就迎合杨嗣昌的心意，上疏说黄道周和他的同伙捏造谣言，贬损皇上的德行，愚弄百姓，把好事往自己身上揽，脏水就往皇上身上泼，以此彰显他的贤能。他建议皇帝颁布前日朝廷对答的始末，从而让百官了解皇上匡正人心、息止邪说的良苦用心。于是崇祯帝传旨给诸大臣，不可被黄道周威逼挟持、朋比结党。

七月六日，阁臣拟以“结党串通扰乱政务”之罪，降黄道周六级，调用江西布政司。张若麟如愿调升兵部。在朝的各位大臣也都不敢为黄道周申辩，因此他不得不再次离开京城。离京前，黄道周取出为太子学习而编辑完成的《洪范明义》《月令明义》《儒行集传》《缁衣集传》四部书上呈皇帝。

八月，黄道周调任江西布政司都事，临走的时候，又呈上《乞休疏》请求退休，但是他的这一请求没有被批准。

八月十五日，翰林院修撰刘同升、编修赵士春都上疏支持黄道周，弹劾杨嗣昌。十九日，工科给事中何楷、南京御史林兰友又申救他（当时的人们称这五人为“长安五谏”或“夺情五谏”）。结果何楷被降二级调用，林兰友降一级，刘同升降福寻知事，赵士春降检校，作为对其他力挺黄道周的大臣的警告。

九月，黄道周偕家人离京返乡。到这时为止，他在明朝的任职实际上已经结束（不计弘光、潞王、隆武时期的任职）。

黄道周正直敢言、忠正不阿，多次被皇帝呵责，受到严厉的处置，仍不改初衷，不惧荣辱，忠心报国。崇祯皇帝也对近臣感叹，说他冰心铁胆，“自是今时一人！”

一百多年后，金銮殿早已换了主人。

清乾隆四十一年（1776年）十一月十七日，乾隆皇帝谕文：“若刘宗周、黄道周立朝守正，风节凛然，其奏议慷慨极言，忠荩溢于简牍，卒之以身殉国，不愧一代完人。”乾隆帝在《御制题胜朝殉节诸臣录序》中又说：“黄道周硕学清操，孤忠亮节，克全儒行，无愧贞臣，今谥忠端。”黄道周在道光朝时还入祀孔庙。能得到新朝君主赞许、尊重的前朝臣子，中国历史上能有几人？黄道周不愧是一代忠臣。

《明史·黄道周传》赞曰：“黄道周所指陈，深中时弊。其论才守，别忠佞，足为万世龟鉴。”

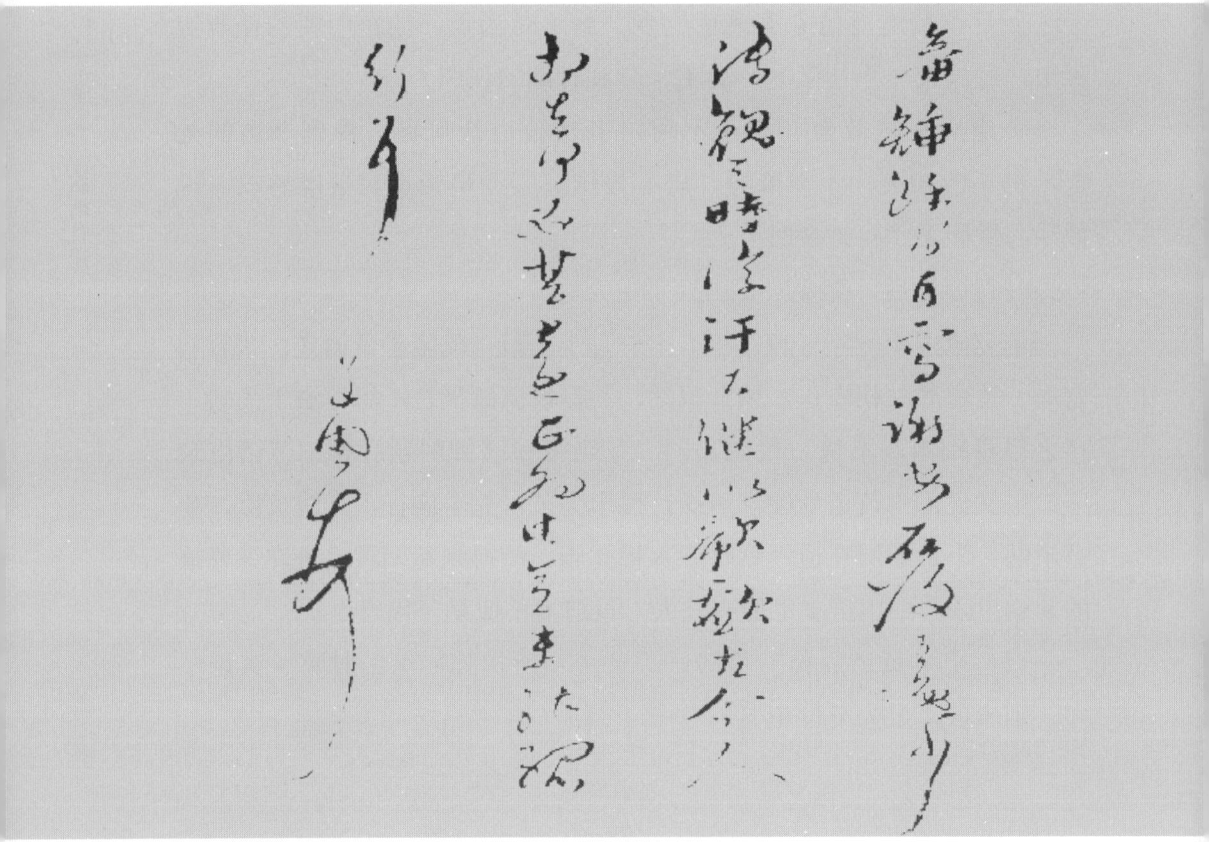

第三章

蒙冤下狱

由于奸臣的迫害和皇帝的疑心，黄道周因“结党”的罪名，被逮捕进京受审。关押期间，他受到了惨无人道的刑讯逼供。尽管环境恶劣，他还是完全靠着自己的记忆在狱中坚持写书。在皇帝消除疑心之后，他获准出狱，官复原职。但他因病辞官，返回家乡继续讲学。

锦衣卫是明代护卫皇宫的亲军，也是一个特务机构。最初由明太祖设置，权力极广，兼理侦察、逮捕、审讯等事务。

崇祯十一年（1638年），黄道周谪江西布政司都事，但他并没有去赴任，而是到浙江余杭大涤书院讲学，年底托病返回漳浦北山为父母守墓，谢绝一切访客。第二年二月初九他生日的那天，有客人来拜访，守门的人也总是委婉辞谢。只有几位志同道合的朋友从漳州前来拜访，他才命人请朋友到旅馆休息，等到晚上再出来和朋友见面。

可是，黄道周隐居山林的愿望很快成为泡影，随之而来的是血淋淋的严刑拷打的监狱生活。崇祯十三年（1640年），皇帝以“党邪乱政”的罪名，剥夺黄道周的官职，并下令将他逮捕入京。

冤枉赴逮

这年四月七日，崇祯帝降旨逮捕黄道周及原江西巡抚解学龙。事因上年冬天解学龙晋升南京兵部右侍郎，这年春天按惯例推荐部属，首推黄道周。原来主管这件事的官吏只交给专管的人，皇帝也不复阅。然而大学士魏照乘排挤黄道周，从中作梗，就拟旨责备解学龙随便荐举，把皇上惹得非常生气，怀疑这两人结党，立即解除了他们的官职，并下旨逮捕交给刑部，谴责他们比附邪党，扰乱政事。

黄道周听到消息，马上于五月二十三日离开漳浦北山墓地，赶往江西南昌接受逮捕。他怀着满腔忠君爱国的热血，相信皇帝一定会为他主持公道。

这时锦衣卫校尉还在南昌，黄道周半夜出门，他的知交姻亲魏呈润专程从漳州赶来送别，与许多亲友、弟子走了二百里送至水口，几位弟子还依依不舍，不肯离开，希望和他一同北上，黄道周毅然挥手命令他们返回。

当时来送别的亲友赠送了几百串铜钱给黄道周打点锦衣卫，被黄道周和蔡夫人辞却。蔡夫人回复亲友说，这些钱都是累赘。皇上圣明，薛国观、蔡国用、杨嗣昌、陈新甲等人一定不能嚣张太久，先生一定会活着回来。蔡夫人是一位深明大义、才华出众的贤女子。她所说的话都应验了，果然不久之后，这几位当时政坛的红人都消逝了：薛国观于崇祯十三年六月被处死；同月，蔡国用停职被废；崇祯十四年二月，杨嗣昌死在军中；崇祯十五年七月，陈新甲被捕入狱，最后处死。这是后话。

六月十五日，黄道周在南昌被锦衣卫逮捕。南昌知府、伙长、推官、江西按察使、守道、高安知县、丰城知县等官员，以及知交姜曰广、杨廷麟等人，纷纷前来慰问赠款，计银千余两，给他与锦衣卫周旋。但这些赠款全部被黄道周谢绝。弟子彭士望还卖掉家产护送黄道周到扬州。一路上，黄道周仅带了两个仆人、一条被子、手抄《易经》数卷、纸数轴、笔墨砚台等物，沿路的百姓都十分感动，跪拜呼叫他为“圣人”。

黄道周前往京城的这一路上都有许多人为他送行：弟子刘纯、魏呈习、唐开先护送至南昌，彭士望护送至扬州，涂仲吉从南京护送至扬州，在扬州又有弟子朋友数百人为他送行。这一切都说明当时他的威望之高，影响之深。

惨受酷刑

黄道周七月下旬到达北京，八月一日前后被打了八十大棍，血肉模糊，在监狱中躺了将近三个月，承受着极大的痛苦。他把带血的衣服寄回家，蔡玉卿接到血衣，流泪把它留示子孙，让他们了解黄道周在国家多难时为国为民而受苦受难，浑身伤痛，手指几乎折断，还以

小楷书写百部《孝经》的惨景。

八月三日，户部主事叶廷秀上奏皇帝，请求以自身顶替黄道周的罪罚。叶廷秀是河南淮阳人，登上进士科以后，因为魏忠贤当政所以不出来做官，后来补录为闲职。他和黄道周从不曾相识，但听说黄道周被捕，就在户部官署大声呼吁，请求救援黄道周，然而，并没有人理他。他在一个又一个部衙呼喊之后，接着大骂，骂完再呼喊，再大骂。如此喊遍六部，竟然没有一个人响应。叶廷秀就挺身上疏，请求让自己代替黄道周受罚。

八月四日，黄道周和解学龙被发往刑部（俗称西库司、西库、白云库）审问。过了几天，叶廷秀奏疏的批示也下达了，旗军的校官前往索拿他，此时叶廷秀已经备好棺木、寿衣，就等着官差来抓捕了。他在被打了一百大棍以后，被削职为民，遣回濮州。

叶廷秀救黄道周不成，反而使崇祯帝更加怀疑黄道周在朝廷拉帮结派。

黄道周杖后卧床18天，才勉强能够站立。刑部监狱狭小局促，形状犹如椰子，不见天日。他忍着伤痛给儿子黄麑写了《杖后示儿书》，仍不忘教导儿子做人做事的准则：

> 正麑子：知汝今年已十岁，有知识，读古人书，当晓其道理。如人之邪正，事之可否，皆须问先生，略识大意。至于事亲当孝，事君当忠，事长当顺，处友当信，接人待物当诚敬有礼，此不待问而知也。麖子、麇子尚少，当步步友爱教之。先生必尊敬事之，不可一毫疏慢，言动起居皆须以礼，不可一刻造次。闻小儿辈谈俚语鄙事，则正色待之。见尊长，则肃然起立；遇官人下顾著青袍面之，皆须一跪。时时念汝父艰危受苦也，北山洒扫以时节；往见大伯必呈所读经书，不可一毫超越；驭家僮仆子不可出声骂詈，伊亦人子，欲有体面，其理一也。吾身已听之，君不必烦苦，汝

唯读书以圣贤为师，吾愿足矣。明春看吾得归，汝不可失业也。麑子知。

狱中创作《易象正》

黄道周以清贫刻苦而闻名天下，那些狱卒都不指望从他身上搜刮到多少银两，只有每天奉上纸张请他写字，他常常书写《孝经》用来充当他们的报酬。黄道周过目成诵，一整本2500余字的《孝经》他能一字不漏地写下来，而且书写工整。他书写《孝经》的目的是要告诉大家，治国以孝为先，忠孝乃为人之本，教育大家要守孝道，孝敬父母长辈。他前前后后共用楷书书写《孝经》120本，都被狱卒拿去了。

这120本《孝经》是黄道周在狱中苦心书写的，以后有的流入宫中和民间，有的还流传到国外去，成为十分珍贵的书法作品。至今北京故宫博物院、广东博物馆、天津博物馆都有收藏，成为国宝。日本东京博物馆也有收藏。

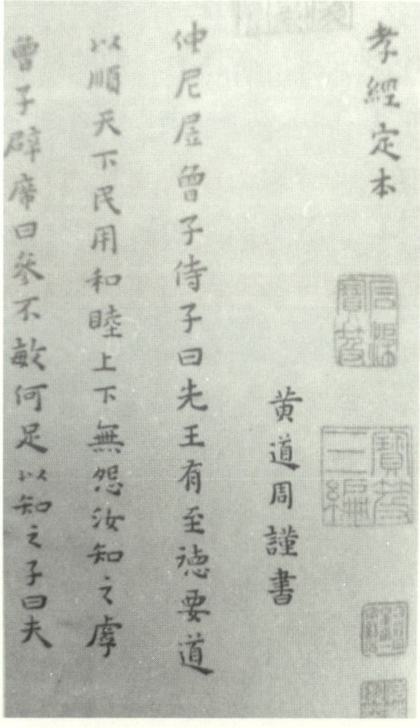

黄道周的《孝经定本》楷书

在狱中，黄道周以莫须有的罪名遭受严酷审讯，黄道周不承认，就要遭毒刑。先后四次严刑拷打，手指断裂，身体更是被打得鲜血淋漓，伤痕累累。

即使这样，他也没有忘记正处于危难之际的国家，忧患意识日益增加。他一直坚持著书，在饱受酷刑的情况下编写了20万字的《易象正》。他说回想从小喜欢《易经》象数，到现在已经56岁了，一直在研究世事的解决方法，却依旧没有明确的答案。于是躺卧休息时

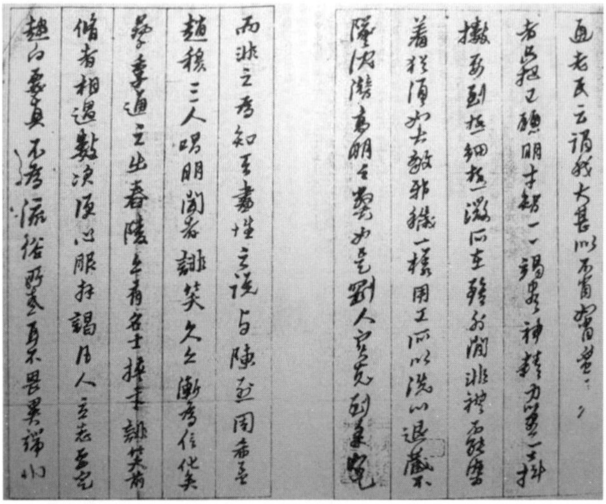

黄道周行书

研究卦爻，进而推衍象数，研究义理，穷极命数，撰写成《易象正》中的《历年十二图》和《大象十二图》。

撰写《易象正》这本书是十分艰难和痛苦的过程。牢房阴暗潮湿、不见天日，而且他已被杖打得血肉模糊，双手鲜血淋漓，浑身伤痛，杖疤发作，疼痛难支，只得叫医生来把腐烂的肉剜去，用黄道周自己的话说："古人于仁义烂时自裹血肉，仆于血肉烂时自裹仁义。"他这位年近六十的老人，怎能经得起整日整夜不间断的肉体折磨呢？虽然肉体极度痛苦，但他却坚韧不拔，呕心沥血，以伤残的身体全身心地投入写作，忘记了疼痛，忘记了眼前的一切，包括锦衣卫的出现，他都视而不见。靠着惊人的毅力和对学术的执着，他完成了这本被学者认为是"中国易学"变卦易派的巅峰之作《易象正》的创作。

有一次，黄道周正在全神贯注绘《易象正》的《大象十二图》，忽然牢门被打开了，几个锦衣卫气势汹汹地喊："黄道周，站起来，走，受审去！"

黄道周听到喊声，吃了一惊，但笔还拿在手里不放，因为这张图还没有绘完。他请求锦衣卫稍等一下，等他把图绘完再跟他们走。

然而锦衣卫哪会理会这些，他们一拥而上将黄道周拖走，还粗暴地把他绘制好的那几张爻图像甩在地下，有的甚至还被撕破了。黄道周心痛地求他们别弄坏他的心血，锦衣卫不管，强押黄道周，践踏着爻图像，走出监狱，来到北镇抚司接受审讯。

面对严刑逼供，黄道周始终咬紧牙关，拒不承认那些诬告他的罪状。一番拷打后，锦衣卫再次把遍体鳞伤的黄道周拖回监狱。

到了监狱，黄道周被锦衣卫推倒在地，刚受过严刑的身躯鲜血斑斑，浑身疼痛难忍。过了好一会儿，他才慢慢清醒过来。睁开双眼，望着散落在地上的爻图像稿纸，乱七八糟，有的已被踏破。他心痛地摇头叹气，忍着浑身的疼痛，爬过去一张一张小心地收拾起来，放在床上。

黄道周尽管气喘吁吁、浑身无力，但一想到这本书还没有写完，就不顾全身疼痛，用血迹斑斑、断裂脱节的手指，颤抖着抓起笔，忍着痛，又一幅一幅地绘制起来，不知不觉，虚弱的身体再也支撑不住，昏了过去。狱吏走过来发现他昏倒，赶紧把他推醒过来。醒来后，他又再次拿起笔写、画起来。

黄道周在写这部书时手边全无图文资料。然而，他边受酷刑，边坚持写作，经过160多天，终于完成了这部20万字的《易象正》的创作。

《易象正》的主体是解六十四卦爻辞，黄道周在解每一卦每一爻时都大量证引了《春秋》《诗经》《尚书》等典籍，很难想象这是在没有任何参考书的监狱中完成的。更何况《易象正》卷初和卷末绘有大量的易图，书中又有大量的年代和纪年推算，而且他在写作过程中还要不断地经受刑罚和拷问。黄道周的博闻强记和玄思妙悟及其顽强的意志力着实令人惊叹！

黄道周的学生洪尊光对儿子洪思说，先生撰写《易象正》，书写《孝经》时多在诏狱中，“十指困于拷掠，指节尚摇摇未续时便写之，至今血犹渗洒纸墨间，稍一浏览，便如闻有锒铛桁杨之声。”

黄道周为了纪念这段监狱中苦难的写书经历，特意赋诗一首：

淹留北寺五月余，
仰钻亦已粗成书；
二十万言动指节，
欲断不断形模殊。

形象地说明他用带血的手和遭受酷刑的身体忍着疼痛在狱中写作《易象正》这本书的情形。

当时，太学生涂仲吉上书为黄道周鸣冤，致使崇祯皇帝更怀疑他们结党，于是提黄道周到北镇抚司对质。在北镇抚司，黄道周被审讯了4次，更是动用了酷刑。剧痛稍止，手指关节渐渐有了知觉，又坚持撰写《易象正》，弟子朱永明不避祸患，曾进入北镇抚司监狱，为黄道周梳头沐浴。

朱永明是江苏昆山的秀才，拿着一百铜钱敲北镇抚司大门，想要给涂仲吉，被巡逻的人抓获，就一同关在狱中。朱永明入狱后，向黄道周跪拜行礼，请求在身边服侍他。黄道周在北镇抚司期间，有这两位弟子伺候，才得以一心一意写作。

后来，黄道周被转回刑部监狱，万历年间进士、大易学家方孔照，当时因得罪权臣而与他同样被关押在刑部监狱，听说他来了非常高兴，急切地向黄道周求读刚刚写好的《易象正》。但是黄道周认为这本书历经磨难，尚属草稿，不希望这么快传播出去。

除了这本书外，当时许多达官贵人仰慕黄道周的书法，求之不得，于是私下向朱永明购买，因此皇帝在宫中也常常看到他书写的《孝经》，但他不屑地认为黄道周只是在沽名钓誉。

《易象正》共16卷，是黄道周的主要学术代表作之一，是他所著易学著作中成书最晚的易象数学思想的总成。他在18岁著的《畴象》以及25岁著的《易本象》是他的早期著作。《易象正》则是正式从他在56岁时关进刑部监狱开始，十二月至次年五月在北镇抚司狱中完成初稿。五月在浙江大涤书院与弟子反复切磋，八月至十月赴戍途中滞留在九江养病期间完成第二稿。此书是一本重要的学术著作，被编入《四库全书总目提要》，也编入陈寿祺编的《黄漳浦集》等书。

黄道周之所以没有被处死，是由于皇帝考虑到他的名声威望。因此黄道周写诗道：

小臣叩首称天恩，
年来北寺谁能存？
已甘垂翼归地火，
何敢开眼谈乾坤。

此前，十一月十五、十七、十九日涂仲吉曾多次上疏救黄道周，通政使施邦曜为了保护他和黄道周一案的其他人，开始先驳回他的奏疏说："宽以时日，等待时机。"涂仲吉再上疏，施邦曜又驳回说："存此议论。"涂仲吉继续上疏，施邦曜召见涂仲吉说，自己和黄道周交情最深厚，因此不想因为行为过激而坏事，建议他也不要在这个敏感时期促成他的"结党"罪名。涂仲吉不领会施邦曜的好意，干脆再上疏弹劾他，施邦曜只得合并两封奏疏上呈皇帝。右通政使马思理命令涂仲吉取保候音。通政司打扫一个房间给涂仲吉暂住。崇祯帝果然对他们更加怀疑，旨意下来，处涂仲吉杖刑一百，投入监狱，追究同谋指使的人；施邦曜被削去官职贬回家；马思理被关进诏狱；刑部尚书李觉斯因起初给黄道周拟定的刑罚太轻，后来拟定的又是发配广西的处罚，因此也引起皇上怀疑而被削籍。十二月底，此案中被牵连的几个人集中在北镇抚司对质，拷问"朋党"关系。于是又追查叶廷秀，再次将他逮捕到北镇抚司，同日对簿公堂。

对簿公堂

崇祯十四年（1641年）十二月底，叶廷秀被逮捕，并与黄道周、涂仲吉等人一起对簿公堂。

请室，清洗罪过之室，也就是刑部的监狱，让犯人在那里思过，认罪。按照惯例，审问虽然在北镇抚司，而结案则在刑部监狱。

这几个人在公堂上憔悴疲惫，互相张望，却彼此不认识。叶廷秀上前躬身作揖，问谁是黄道周先生。黄道周退了一步反问他：“你是不是叶老先生？”叶廷秀再次鞠躬作揖长叹——终于在这里认识了黄老先生。一时间，两位难兄难弟对视良久，不由感慨叹息，然后又都匍匐在地上聆听质问。当时受到牵连扭送到公堂的差不多有20人。所以黄道周有诗写道：“鹰巢逢落凤，虎穴见啼麟。”堂官拷打审问涂仲吉，叫他坦白谁是指使者，仲吉受遍拷打，却只说了一句话：“我孤身一人带着一颗赤忱忠心万里迢迢来到京城，哪里容得受别人指使？如果一定要追究指使者，那就把我的心给挖出来吧。”皇帝听说后颇受感动，但是仍然不肯这么快就释放黄道周。

黄道周在北镇抚司被拷问多次，被诬告花了100两银子贿赂解学龙以求荐用，以300两银子收买涂仲吉疏救，又遣仆人柴敬给叶廷秀报信等等罪名。但是，黄道周只承认“讲学结社”而已。实际上他没见过解学龙、叶廷秀，怎会去贿赂他们呢？全是小人们无中生有的陷害。

当时有人唆使许臣虎诬陷黄文焕、陈天定、文震亨、董养河、杨廷麟、刘履丁等人与黄道周结为“福党”，致使前4人下狱，后2人被盘查。孙嘉绩因在刑部狱中服侍黄道周，并跟着学《易经》，也遭连累。全案有超过17人受到牵连。

崇祯十四年腊月，黄道周被移住请室牢狱准备结案。在十一月刑部拟定他的罪名期间，黄道周上疏说，虽然不知道刑部会最终定什么罪，但是细细回想自己这一生，没有特殊的交游往来，也没有做过行贿受贿之事，整年只是埋头于文章典籍之中，不问世间俗事，也就没有时间和朋友交往。

十二月，黄道周又上疏说，自己从北镇抚司到刑部监狱，从夏天到冬天，转眼又是一年了。经历了9次审问4次拷打，不敢轻言冤枉。自己出生于闽南海边，轻浮冒进，狂妄无知。但是自从戊寅年（1638年）降级贬职调外以来，没有再犯错误，一直到巡抚大臣按惯例举荐，才在万里之外被逮捕，而且施以杖刑。又因为诸位大臣伸冤相救，导致几次严刑拷打。事情的出现超乎想象，没能料到。回忆自己当初应皇上圣旨召对平台时，语言粗鲁、行为莽撞，现在每每想起，都悔恨不已。自己知之不尽，却言而无力啊。只盼望皇上仁慈怜悯，再次加以宽恕。这些奏章真诚地说出了黄道周被冤枉的心情。蔡玉卿也写了一封信安慰丈夫说："天子圣明，自有霁日。"认为皇帝迟早会醒悟过来，释放黄道周。

徐屺探监

黄道周被关押期间，崇祯十三年十月，他的好友徐霞客曾派长子徐屺来京城探监，还带来徐霞客赠送的钱物及《游记》手本4册，并随附无锡老朋友王忠纫赠送的寒裘。远在千里之外的徐霞客，把他的友谊与关怀送进黑暗的大牢。徐屺在京城住了三个月，几次入监探望黄道周。

黄道周与徐霞客有深厚的友谊。他们曾先后4次会面。徐霞客是一位钟情于山水的大旅行家，他在给朋友的信中称黄道周："至人惟一石斋，其字画为馆阁第一，文章为国朝第一，人品为海内第一，其学问直接周、孔，为古今第一。"对黄道周推崇备至。

徐屺看到被关押在狱中的黄道周受尽锦衣卫毒打，浑身伤痛，满手是血，十分悲痛。黄道周看到徐霞客的儿子来看望他，十分感动，立即写了回信，撰《狱中答徐霞客书》以谢，其中说："……杖下余生，不堪语道……今虽渐能转侧，而起立颓然……贤郎远来，甚可念！中纫翁重惠寒裘，洽以道意，既不忍辞，何以谢之！……重觃转土。道周顿首。”但委婉地谢绝了徐屺带来的银子。

徐屺从京都回到江苏，足足走了三个月，他一回到家，便向已经卧病在榻的父亲叙述黄道周在狱中受刑的情形，并把黄道周的回信给父亲看。

徐霞客读着信，老泪纵横，叹息不已，既为黄道周的悲惨遭遇而痛苦，又对自己不能救黄道周出狱而耿耿于怀。这些心事加上疾病使他心力交瘁，在崇祯十四年正月与世长辞。

一年后，黄道周在贬谪途中听到徐霞客去世的消息，十分悲痛，作《遣奠霞客寓长居书》和七古《挽徐霞客二首》，纪念他的这位好友。

遣戍西阳

崇祯十四年（1641年）五月二十日，黄道周又被转回刑部监狱。

崇祯帝对黄道周的“结党”罪名已然释疑。他感觉到黄道周有学有守，非一般不学无术的大臣可比。他曾问身边的太监说：“黄道周外间人人推重，你看他是一个什么样的人？”太监说：“黄道周多读书，也有操行，所以人人敬重他。”崇祯帝想了想说：“年来对他的处分太重了。”又有一次，崇祯帝问另一个太监：“你看黄道周这个人怎么样？”太监说：“我看他是书读得太多，读傻了，不懂得人情世故吧。”崇祯帝叹了一口气说：“这么说，便是一个迂腐之儒了。”这些都是传说，但也说明崇祯帝对黄道周的认识转变过程。

在朝廷讨论对解学龙和黄道周的处分时，刑部尚书刘泽深上奏，大意是，这两人的定罪最重只能是发配边疆，再重就是处死，但死罪都是判给叛军、贪官或酷吏，没有听说谁因为直言上谏而被处死的。如果真处死黄道周，只会让他得到忠臣的好名声，而皇帝将会背上昏庸的骂名。皇帝担心他结党，但他所做的只是张口空谈，加上一两个

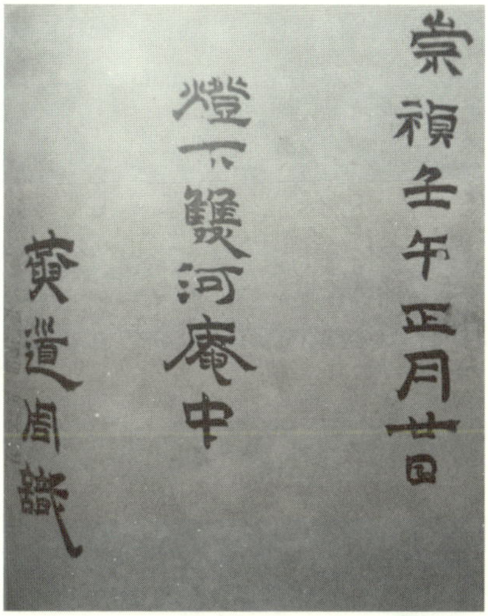

黄道周隶书

知交附和他，不存在一个有组织的团伙，犯不着施以极刑，万一现在死罪确定，到时如果皇帝再改变心意就来不及了。

这些建言，崇祯皇帝听起来比较顺耳，他心里清楚，黄道周只是一介书生，造不了反，他只是想借此给那些搞党争的人一个警告。他对朝臣无休止的党争烦透了。他十分爱才，黄道周才华横溢；他需要忠臣，黄道周正是位忠臣；他不喜欢搞阴谋诡计的人，而黄道周正是正直得近乎迂腐的人。而且得知他在监狱中写《孝经》，几次传进宫，太监当成宝贝收藏着。这些表现都让他准备放黄道周一马。

这年十二月，这一系列涉事人员被各自定罪，黄道周被贬谪成四川酉阳宣慰司。崇祯十五年（1642年）正月底离开北京赴酉阳戍所。解学龙、叶廷秀、马思理、涂仲吉等人分别贬成闽地、楚地、湖南辰州等地。

出狱后，黄道周把《易象正》的初稿放在身边，不马上公开，不断进行修改和加工。在这年八月贬谪途经江西九江时，他得了疟疾，住在西林寺治疗。即使在生病期间，他也拿出笔和纸，向寺里要了砚，专心致志地修改这本书。同行的人劝他身体还没有恢复，就不要过分劳累，还是先养好病。黄道周说，趁我还活着，不把此书修改好，后代的人，谁来完成呢？然后又埋头修改起来。夜深了，他还是没有睡意，这位将近60岁的老人，在烛光下伏案修改，一直到鸡叫了还没有睡。最后于十一月定稿，托付给陈彦生。

免戍复职

崇祯十五年八月二十日，崇祯帝在文华殿召集几位辅政大臣，举办经筵日讲。

礼部侍郎蒋德璟二月曾上过《请用废臣疏》，请求起用黄道周等人，该疏没有立即获准。这次蒋德璟再次乘机说黄道周“家贫子幼，生活清苦，事亲极孝，学无不通”，希望皇上开恩赦免他，至少将谪戍地点改在附近也好。皇上微笑。阁臣周延儒也上前启奏说，黄道周在狱中，还写许多书，而且许多奏章都是亲手写的。既使在读书方面，也还用得着黄道周。

皇上不答，微笑而已。第二天下了一道敕令：“既然你们面奏黄道周清正博学，坚守节操，朕怜惜人才，念在其孩子尚小，远戍边陲于心不忍，想必经此折腾，黄道周已知悔改。”并让众人上奏建议该如何处置他。

周延儒上奏：“黄道周为人，励行力学是其所长，偏执迂腐是其所短，然而本心则愿为君子素矢忠孝者……伏蒙皇上怜其贫苦，鉴其改悔，人才当惜，赦罪酌用。”

于是，黄道周获准赦罪，特谕吏兵二部官复原职。

八月，黄道周见到蒋德璟所写的《召对恭记》，得知蒋德璟和周延儒、黄景昉等人已劝得崇祯帝恢复自己原职的消息。九月，他写疏辞谢，但未能送达。

十月一日，黄道周接到圣旨，从而得知八月二十五日已降谕旨吏兵二部，“念其清操力学，上堪策励”，特准赦罪还职。他循例呈上《免戍辞职疏》，在奏疏中托病请求辞职。希望皇上施行仁爱礼仪，早日平定流寇，稳定宗庙社稷。那么即使自己马上死去，也会在来世报答皇上的恩宠。

此后，黄道周返回留都南京。当听说解学龙、叶廷秀等人还没有获得宽恕，于是上《乞赦解学龙、叶廷秀疏》说，既然皇上恩旨赦免自己，也乞求能够赦免诸位受此事株连的人。奏疏呈上，得知已有旨赦免诸位官员后，他才放心地返回家乡。

讲学邺山

邺山位于漳州江东桥西侧、九龙江北溪之滨。邺山临江背山，环境清幽，风光秀丽，交通便利，适合作为讲学授业的地方，黄道周早在崇祯六年就打算在这个地方建书院，后来因为一些原因没有建成。

崇祯十六年（1643年），黄道周59岁。三月十九日，他偕众弟子到江东桥附近的蓬莱峡，筹建邺山讲堂。五月下旬正式营建。先后建成三近堂、与善堂、乐性堂三座较大的建筑及其他楼亭馆舍共十余处建筑。其中与善堂为先圣先贤的神堂，前楹奉祀朱熹及陈淳、黄榦、王遇、高登、陈真晟、周瑛、林魁、蔡烈等九位先贤，称为“九先生”，既为门人弟子立下学问、道德的楷模，从中也可以看出漳州儒学的发展脉络。内楹奉祀颜渊、曾参、孔伋、孟轲、周敦颐、程颢、张载、邵雍等圣贤。凡宾客

邺山讲堂黄道周摩崖石刻“蓬莱峡”

邺山讲堂黄道周摩崖石刻“芙蓉峡”

至此，都要先到神堂拜谒圣贤，再到三近堂、乐性堂。与善堂的外堂题“高景”，内堂题“与善”。

三近堂、乐性堂是黄道周讲学的地方，当时有很多闽、浙、粤、赣的学生乘船到此听黄道周讲学，“当道绅耆，八方人士，环江拱听者，日以千艘。”《漳州府志·古迹》载：“邺山讲堂在柳营江溯流而北。明季黄石斋道周讲学于此，四方从学者以千计。”可见当时邺山讲堂办学之盛、影响之大。

据载，在崇祯十六、十七年间，共举行了三次讲问大会，演习正规讲仪，与会者最多一次达404人。这里不仅是黄道周及门人“雅集课艺，因文证圣”的首要场所，而且更是当时附近省份的文化学者最主要的汇集地，其授学的盛举对后人也产生了一定的影响。

当年邺山讲堂讲问大会盛况反映在《龙溪县志》中：“黄道周讲学江东，每临讲时，堂设圣位，具琴瑟钟鼓，立临史，读《誓戒》，献酬诗歌，主宾百拜。四方学者环江门而来听者千艘，礼乐之盛，比之汾

龙海县政府竖“邺山讲堂摩崖石刻”文物保护碑

邺山讲堂黄道周摩崖石刻“鸟道不绝风云通”

河，亦一时盛事云。”

邺山讲堂黄道周摩崖石刻“墨池”

崇祯十六年十二月十三日前后，黄道周与弟子们来到邺山，他不慎从江东绝壁处坠下，左腕和左脚受轻伤。

这年三、五、六、十二月，黄道周在邺山写下五律诗词16首，它们后来被编成《焦桐山诗集》，至今北京图书馆善本室还藏有该集明末刊本。

直到现在，邺侯山麓还留着5处当年黄道周手书的摩崖石刻：一是“蓬莱峡”，楷书，字径2尺余，署名“石斋”；一是“芙蓉峡”，行书，字径4尺；一是刻在江中浮石上的“游磬”，楷书，字径2尺；还有字径6尺余的隶书“墨池”与“鸟道不绝风云通”两处石刻。这些石刻，用笔劲直，气势磅礴，圆转流利，古朴雄浑，天趣盎然，融方正峻逸书风于宽博雄放的摩崖之间。

讲学明诚堂

崇祯十六年（1643年），除了邺山讲堂，黄道周还在弟子们的资助与协助下，开始营建漳浦县明诚堂。

黄道周在北山墓园的草屋居住时间一长，他在漳浦城东的旧居就逐渐荒废了，漳浦的诸位弟子于是请求将故居改建为讲堂，这就是“明诚堂”的由来。第二年春天三月十二日，明诚堂建成，举行落成典礼。弟子张天维、林翰冲等人，在一个月前就写信给志同道合的人，将在这一天共聚明诚堂，同堂论道。漳州府司理曹广、龙溪县令刘鸿嘉、金浦县令沈兆昌也申明赴约。黄道周在三月初一祭奠先人打扫墓地，然后渡过九龙江，到初十才归来。此前一天，漳浦南部的盗匪首领刚刚被俘获斩杀，黄道周认为匪徒余孽还没有消灭干净，恐怕不利于祭祀。曹广和刘鸿嘉已经提前一天到达，庚子日早晨，漳浦城中的众位宾客也到达了。这一天，天气清新祥和，春风习习吹拂。漳州来了16个举人和81个秀才，观看的人把附近围得水泄不通。

漳浦县明诚堂

黄道周拜谒先圣先贤完毕，并拜谒祖先父母后，与诸位先生一同入座。黄道周坐长者的席位和讲经论道回答提问的位置。然后，悬挂钟、磬、琴、瑟乐器各一件，高声宣读誓词戒律，一共宣读七条才开始端正就座讲述历史，采用东西两边轮流提问而一一作答的形式。

有人问：“今天‘明诚’二字是从《中庸》里面出来的，可是为了良知而树立起诚敬，是否像下针药治疗一样别有含义？”

黄道周回答：“从良知到树立起诚敬，仅仅是‘明诚’二字的注释。从‘诚’产生‘明’是良知，从‘明’回归到‘诚’是树立起敬意。成为圣贤本来就只有这一种途径，也不需要像下针药一样。”

有人问：“明诚虽然有天人的分别（也就是客观和主观的分别），但毕竟是一个事物的两个方面，如果把它看成两个事物，那么金子不会自己柔软，木头不会自己坚硬，火不会自己变凉，水不会自己加热。即便有气质这种物质存在，怎样才能使它们产生变化呢？据载，大地承载着神奇的气质，神奇的气质演变成风雨雷霆，风雨雷霆流动成形，万物在变化中生成。一片大地，风雨雷霆出没，最初并没有泥土石块的差别，难道生命存在于形体和容貌之中，会有形体和容貌的隔阂吗?”

黄道周回答：“天道和人道在人生之上这无须说明，单说一事一物先要明白清楚，然后才能信得过。比如一面镜子，先要刮掉污垢打磨光滑，然后才能映照物体。千万不要以为镜子就是光，光就是镜子。”

有人问：“思考诚敬明白善行，犹如愤怒和快乐一样自然循环，绝不会在慈爱尊敬、仁义礼义、在欢笑和梦境之间获取灵感，也不可能在耳闻目睹都断绝的地方下苦功夫思索，这究竟是为什么？”

黄道周回答：“圣人说‘诚’要和天地同品德，说‘明’要和日月同光明，这个道理实在是没有办法探讨下去，周公在这里仰望思

福建省政府立“黄道周讲学处”碑

索，颜回在这里竭尽才能，难道孔子是轻松悟出的？圣人在这方面，都花费了一番心血，很难简单说清楚，想成为圣贤，不可能像吃便饭那样轻松。”

有人问：“清明浩瀚的天上，分布着日月星辰，碧波荡漾的江中，也有岛屿点缀。孔子在鲁国的东部出生，却不谈论海市蜃楼，周公在天下的中央治理，也不分辨日晷倒影的长短。仅仅因为他们知道‘明’，所以就信得过，也是因为信得过，所以也知道‘明’。如果凭着空泛的思考，硬说知会贯通，犹如眺望海天交际的地方，云和天相通，乘着木筏走上十年，终究也到不了牛郎织女下面。看来高深奥妙的道理对人来说，只是一个‘礼’字。礼来自广博和精微，来自高深明白和中正平和，来自新旧交替成长，来自敦厚崇敬逐渐积累，知道者受益百世，不知道者面壁苦思也无济于事。周公仰望思索，孔子发愤图强，都是为了将此物留给后人反复参照观赏。”

黄道周回答：“礼乐只是中庸和谐，到达中庸叫作礼，到达和谐称为乐。《易经》说大壮卦，认为不符合礼的事情不要实行。说豫卦，认为制乐能够崇尚品德。两卦都是从雷在上啊！天地的作用以雷为大，身体的作用以愤怒为大。风雨都从雷产生，悲哀快乐都从愤怒产生。雷从健壮产生，用礼来类比规范，雷从和顺产生，用乐来类比规范，愤怒从健壮产生，用礼来阻止它，愤怒从和顺产生，用乐来平衡它。所以上代的君王认为礼乐能够导致中庸和谐。天地性情，显然可以体现。地在雷上是复卦，天在雷上是无妄卦，雷在地上是豫卦，雷在天上是大壮卦。礼乐中庸和谐，因此从卦象中显现，而‘明诚’二字的意义也都在于此。”

问答完毕时已经到了中午，黄道周吩咐厨师准备酒菜，每桌八盆，各按照每桌主宾的身份确定服务对象。黄道周亲自进献食物，祭酒完毕，黄道周坐在主人的位置上。酒过七巡，主宾觥筹交错，大家吟诗赋对，鼓乐齐鸣，场面热烈且符合礼数，最后宾主尽欢而散。

自从黄道周25岁带着母亲从铜山移居漳浦县城东门外之后，这里就是他的一个重要活动场所。明诚堂建好前，他常在此居住、讲学、做学术研究和著书立说。这个讲学处称为“东皋居室”。黄道周的《易本象》《春秋撰》《三易洞玑》等著作大部分是在这里写成的。这个地方重建落成命名为“明诚堂”后，黄道周在门厅中自作对联：“人从剥腹后始见天地之心，我在畎亩中犹乐尧舜之道。”南明隆武帝给这里赐匾“文明书院”。明诚堂占地1058平方米，南向，沿中轴线依次为门厅、天井、庑廊、正堂。门厅与正堂面阔五间，进深三间，抬梁式木结构，悬山顶，后堂前轩作卷棚式。主建筑四周建围墙，东南面开垂花门，西南面开水井，天井中间有一石盘，是黄道周设计的天地盘。

黄道周曾聚弟子洪京榜、张天维等288人在这里讲述《明诚》26章。闽、浙、粤等地学生闻讯纷纷前来听讲，人数多时逾千。

明诚堂是黄道周25岁至60岁生活、讲学、著述的地方，因他的高尚的气节，在清朝依然受到官府保护。如今这里已被福建省政府定为省级文物保护单位“黄道周讲学处”。

第四章

鼎力抗清

黄道周在家乡讲学期间，李自成军队攻陷北京，明朝灭亡。清军入关后，黄道周抱着以死尽节的决心继续追随南明政权，在缺兵少粮的情况下坚持招募义军，抗击清军。

潞王：即朱常淓，他是万历皇帝的侄子。史可法及东林党人曾经考虑过拥立潞王，但最后还是拥立福王。

弘光偏安

崇祯十七年（1644年）正月，黄道周与弟子聚于即将竣工的漳浦明诚堂。三月一日至十日，返回故乡铜山探亲，与哥哥黄道琛相会，并祭扫祖墓。十二日，明诚堂落成。五月三日到漳州的邺山书院。九日、十日在邺山书院举行第一、二次讲问大会。

五月二十七日，突然传来三月十九日李自成的大顺军攻陷北京、崇祯帝自缢身亡的消息。黄道周听说后，率领众弟子在邺园设立崇祯帝牌位，大家袒露右肩，披头散发，恸哭三天。

但这并不意味着明朝统治的结束，弘光朝廷的建立标志着南明历史的开端。

崇祯帝的祖父万历皇帝朱翊钧的孙子福王朱由崧当时在淮安，在由谁来继承皇位的问题上，他在伦序和地理上都占了明显的优势。五月初三，朱由崧在南京就任监国。五月十五日，他正式即位为皇帝，改第二年为弘光元年，马士英主持政务兼任兵部尚书。

六月上旬，黄道周才得知弘光朝于五月十六日召用他为吏部左侍郎兼翰林院侍读学士。二十一日，黄道周上《时务疏》，建议以福建和江西为首藩，并提出十条治国政策。

当时黄道周不愿出山，但首辅马士英派人暗示他说：“现在民众对你的期望很高，你如果不想出山，难道是想学史可法拥戴潞王吗？”于是黄道周答应去南京就任。他回家告别夫人说：“我只欠先

帝一死，此身不复能依依松楸（指先人墓地），逐终于二人墓下。”蔡玉卿观察当时形势，深知他这次等于去送死，但她深明

黄道周行草扇面

大义，支持丈夫说：“去吧。既然已经在墓前发过誓言，如果不去，怎么对得起先帝？”她热忱鼓励黄道周为朝廷出力。九月十五日，黄道周拜别祖先之墓，离开漳浦，赴南京接受召用。十六日至二十一日，他在泉州与蒋德璟、黄景昉、林素庵、周芮公以及随行的长子黄麑、邺山弟子洪京榜等人同游清源山。在泉州期间，他由于反感弘光朝廷的一些做法，萌生了回家的念头，但是经蒋德璟等人劝说，才继续北上。

黄道周曾经在酒喝到高兴的时候说：“当初我在刑部监狱时，家乡的长辈来探望我，问及我的身后事，我心里知道他们这么问的缘由，但是我特别不以为然。想当初，我曾经梦到当上了宰相，怎么可能死在刑部监狱呢？”黄道周说这话时国家疆土还很完整，谁曾想，没过多长时间，就只剩下了半壁江山。黄道周认为这都是臣子们不尽心尽力为朝廷着想的结果。假如臣子们能够幡然醒悟，和新的君王齐心协力，那么就会有更多的贤良之才应召而来，恢复故土就还有希望。但他六月份呈上的奏疏迟迟不见朝廷回复，又听说朝廷经常向北边的满族人派遣议和使节，所以他多次感觉到难以有所作为。因此写信给杨廷麟说，他们这些冥顽不灵的人已经很难匡扶社稷了，只是希望后世的人能够有所作为。

虽然嘴上这么说，黄道周一行人还是一路北行，到福州时，宁化名

士李世熊追随他而来，执弟子礼，并随行至武夷山，黄道周与洪京榜、林逢经、李世熊、林君若、郑郊、陈骏声等弟子在武夷山待了4天。

当行至浙江衢州时，传来了他被晋升为礼部尚书兼翰林院侍读学士协理詹事府事的消息。一直到弘光元年（1645年）正月，61岁的黄道周才抵达南京就职。

弘光朝廷满足于偏安一隅，他们只想利用江南富庶的物质条件过上纸醉金迷的生活，其腐朽程度较之崇祯王朝有过之而无不及。

许多史籍都记载，弘光皇帝朱由崧酗酒好色，追欢逐乐。他还把国家大事全权委托给马士英，而自己则同一班亲信干着昏天黑地的勾当。掌握朝廷实权的马士英、阮大铖等官员也是安于现状，不思进取，整日醉生梦死，利用手中的权力鬻官肥家。弘光朝廷的苟且偷安达到了无以复加的程度，一旦清兵南下，必然立刻土崩瓦解。这种情形让那些心怀国家的贤良们扼腕叹息，却又无可奈何。

黄道周在弘光朝廷就任礼部尚书后，看到朝廷的黑暗与堕落无药可救，也就放弃了一展抱负的念头，心灰意冷之下，于二月二十三日上疏请求赴浙江绍兴祭祀禹陵，二十六日获准。

黄道周准备坐船南下，三月初一开船前，被大风所阻，船停泊在龙江湾不能前进。黄道周在夜里梦见太祖高皇帝非常凄惨地说："爱卿竟然要舍我而去啊！"黄道周对答说："是朝廷舍去了臣，不是臣舍弃了朝廷。"醒来以后心情惆怅，在江边徘徊不已，不忍心马上离开，直到四月初一才到达绍兴禹陵。约四月十日，他按礼节完成祭祀事务，再次上疏请求归家。在等待旨意下达期间，黄道周偕长子与一班弟子在绍兴附近的庙湾镇、吼山、镇山、小隐山、宛委山、夷光山等地周游。

黄道周在离开南京后一直到五月中旬得到弘光朝灭亡的消息之

前，曾在衣襟绣上“大明孤臣黄道周”七字，并嘱托弟子说，弘光朝必亡，届时请他们据此识别自己的尸身，表明对弘光朝的绝望和以死尽节的决心。

五月十三日，黄道周出绍兴向萧山而去，十五日闻弘光朝灭亡，听说弘光皇帝已经逃出南京，皇太后到了杭州。这时马士英也拥兵逃到杭州，面对杭州士绅的责问，马士英敷衍说皇帝在靖南军中。黄道周于是上奏皇太后，请催促马士英统率贵州兵到黄得功军中，保护皇帝。又请速召金华、江西的部队和福建的溃败部队，命令他们立功赎罪。又代拟几篇檄文和谕旨，洋洋洒洒几千字。虽然言辞恳切，但是皇太后一直没有回复。

六月七日，黄道周到达杭州，得知马士英等人准备请潞王朱常淓监国，于是呈上《潞王监国表》。同时他还写信向潞王劝谏作为监国必须迅速落实的七件事。

第二天，黄道周参加了潞王监国典礼，建议任用贤才，举荐刘宗周。他还给潞王写了《潞王监国笺》，希望潞王能够自强不息，尽快施行求贤吊民、劳军称帝等七件急务。

此后几天，他又陆续上疏，举荐刘宗周、姜曰广、高弘图、杨廷麟、刘同升等贤才，弹劾马士英、阮大铖等奸臣，因此遭到他们的嫉恨，希望能够面谒潞王的请求也一直没能实现。

黄道周一心为国，希望潞王能够奋发有为，收复故土。为此他还撰写了《命师笺》《潞王劝进表》《临安劝进疏》等奏疏。

十一日，有旨颁行《潞王监国笺》中建议施行的六件急务，但此时清兵已攻至近郊，城中官民溃散。黄道周只好偕黄麑和涂仲吉去富春江上乘船避难。

次日，黄道周在富春江上作《潞王监国记》。忽然接到郑鸿逵所写的檄文，命令他就地迎驾。他感到疑惑，于是询问郑鸿逵的下属，才知道圣驾是唐王而不是潞王。此时朱大典正好来拜访，也疑惑唐王怎么没有回封地，而是到了这里。黄道周经过深思熟虑，认为是潞王不能重演南宋赵构的故事，无法承担起延续明朝政权的重任。

拥立隆武

隆武元年（清顺治二年，1645年）六月十三日，黄道周于舟中会见唐王朱聿键。唐王慷慨激昂，以恢复大明江山为己任，黄道周为此感到由衷的欣慰，对唐王顿生好感，于是同郑鸿逵等几位大臣共同约定要成就大业。

黄道周对唐王有极好的评价，他在《与杨伯祥书》中这样描述朱聿键的为人："今上不饮酒，精吏事，洞达古今，想亦高、光而下之所未见也。"不少史籍中也都说唐王喜欢读书，无声色犬马之好。即使做了皇帝之后，仍然过着节俭的生活，并下令行宫不许备办金、银、玉各器皿，只能用磁、瓦、铜、锡等物品，也不能用绫罗绸缎所做的帐幔、被褥，只能用寻常布帛，而且都要节省，否则以不忠、不敬治罪。唐王身穿土布黄袍，安贫若素。曾在隆武朝廷任职的钱秉镫作《宫词》称赞唐王："内使承恩新置机，诏传大布织龙衣。六宫罗绮无人着，敕与无戎绣将旗。"都说明唐王在主观上锐意恢复，颇有中兴之主的气概。

六月十四日，黄道周具启请唐王监国。同时又担心唐王会偏安福建，于是又呈《唐王监国笺》规谏他。他本意希望唐王留在衢州，这样既方便号令浙江和江苏等长江以南地区，又可以联系长江以西的广大地区，从而发愤图强，收复大明江山。镇江总兵郑鸿逵等人则一味退却，拥兵自重，簇拥唐王越过仙霞岭，于月底进入福州。

黄道周看到《唐王监国笺》刚呈上，而唐王已经先走了，感觉自己的主张无法实现，无奈也只能尾随入闽，在经过浙闽交界的仙霞岭渔梁驿时，他写了一篇《过仙霞岭祭告渔梁镇神文》，代唐王祭告。

在途中，黄道周意外地得到了一个人才，这就是赵士超。赵士超原来是个秀才，曾看过黄道周的多篇奏章，为这种忠心敢谏的精神所感动，早就想要拜会他。明朝末期，赵士超投笔从戎，跟随史可法抗清。史可法被杀害后，看见明朝大势已去，赵士超很灰心，正欲自刎的时候遇到了黄道周。黄道周劝慰他，现在还不是以死殉国的时候，希望他一起为国家效力。赵士超大受鼓舞，拜黄道周为师，北面执弟子礼，并跟随老师回福建。黄道周把赵士超推荐给唐王，唐王命赵士超为兵部职方司主事，从此他和黄道周一起，更加用心出力，辅佐唐王。

唐王一行人来到福州郊外时，福建巡抚张肯堂、巡按史吴春枝对于是否接纳唐王一事犹豫不决，在接到黄道周的书信后，才奉唐王进入福州，唐王拟定于闰六月初八履行监国职责。

黄道周等人紧随唐王之后，在到达浦城时，获悉唐王已就监国位，又因自己的观点和郑芝龙、郑鸿逵兄弟不一致，所以不想去福州受命，仅派人前去祝贺，他自己则从福州市郊洪塘直接回漳浦家乡了。唐王得知消息后，立即派人前往拦截黄道周，召他回福州。黄道周感受到唐王中兴大明的决心，遂于闰六月初九到福州谒见唐王。

当时，南明政权基业草创，百废待兴，形势复杂而不稳定。广东、广西、赣州、楚地以西各省，虽然没有发生骚乱，却已经瓦解分散不受管辖；长江沿岸几个大臣又拥兵自重，难以调动，积蓄武力自守。各地难民拖家带口四处逃难。更严重的是清军一路南下，威胁着新政权。

书匾

黄道周认为唐王不早日登上大位，就无法挽回涣散的人心，更谈不上号令天下，收复江山，甚至连新建的势力也不能长久，将彻底结束明朝的统治。于是他和诸臣一起劝唐王进皇帝位。

闰六月二十七日，黄道周在福州与郑芝龙等大臣尊奉唐王朱聿键登上天子帝位，颁年号隆武，大赦天下，以福州为“福京”，称为天子所在地。隆武帝称帝之初，任黄道周为首辅。朝廷的大小礼节和各种政事多由黄道周筹划裁决。后来又以黄道周区划裁定大小礼节事务有功，升他为少保兼太子太师、吏部尚书、武英殿大学士，并任兵部尚书。

黄道周力主恢复江山，并且行使首辅职权，遭到心怀异志、拥兵自重、擅权专政的郑芝龙与郑鸿逵集团的掣肘，出现“文武不和”的局面，结果发生了“朝宴争班”事件，并有人上书攻击“道周迂腐”，使黄道周与郑芝龙的冲突矛盾公开化。

郑芝龙原先是海盗，受明政府招抚后，在崇祯年间奉命镇压福建、江西、广东的“山寇”和“海寇”，由参将升到总兵官。弘光朝加封南安伯。他的一系列努力，使东南沿海地区相对稳定。然而他的主要意图是借用朝廷命官身份，扫除海上异己势力，垄断福建、广东等地的对外贸易。到明朝覆亡的时候，他在福建已经拥有左右地方军事和经济的实力。他的弟弟郑鸿逵把唐王朱聿键带入福建后，兄弟俩与黄道周等大臣拥护唐王在福州建立隆武政权。然而，这种结合难免貌合神离。唐王以恢复明室为己任，具体目标是首先恢复以南京为中心的江南地区，进而收复北方。郑芝龙的目的却不同，他因迎立隆武成为定策勋臣之一，希望借隆武朝廷的名义巩固自己在福建等地区唯我独尊的地位，带有很大的割据色彩。朱聿键得到南方一些省份的支持，然而他的政权是依靠郑芝龙兄弟的支持才得以建立，又处于郑芝龙集团势力控制下的福建，一切作为必然受到郑芝龙的挟制。

隆武帝为了提高朝廷的威望，特别注意网罗人才，礼聘各地名声较高的官员入朝任职，郑芝龙却仗着自己的实力，根本不把这些文官放在眼里。朝廷建立不久，就发生了朝班事件。郑芝龙自以为皇帝是自己拥立的，朝见时自然应排在文武诸臣的最前面。黄道周却以祖制勋臣从来没有位居班首的先例为理由，坚持不让。在隆武帝的亲自干预下，黄道周赢得了表面胜利。此外，隆武帝也有意打压郑氏兄弟的势力，有一次隆武帝召见群臣，郑芝龙、郑鸿逵当着皇帝的面挥扇，户部尚书何楷上疏劾奏他俩“无人臣礼”，隆武帝嘉奖何楷敢于直言，立即给他加了左佥都御史的官衔。对此，郑氏兄弟怀恨在心，处处加以刁难，何楷被迫请求致仕回籍，隆武帝被逼无奈，也只能违心地同意他暂时回乡养病。但是郑芝龙仍不肯罢休，派部将杨耿在半路上追杀何楷，结果割掉何楷一只耳朵。一时间郑氏兄弟的嚣张跋扈，震惊朝野。

募兵出征

隆武帝虽然锐意进取，誓要恢复大明江山，然而，当时朝廷仓促建立，兵马粮饷等重要大事全得依赖郑芝龙。而郑芝龙另有盘算，拥兵自重，挟制朝廷。隆武帝空有一腔抱负。黄道周愤慨不已，感觉在朝堂上很难有所作为，每次进见皇上都相对而泣，总是请求召募弟子、乡亲赴边界防御清军，联络江西，援救徽州、衢州一带的金声等义军部队，设法为隆武朝打开局面。

隆武帝多次安慰挽留他。黄道周看到清军南下，直逼江南，形势危急，心急如焚。眼看郑芝龙日益不受约束，只能再次请求巡视边疆抗击清兵。

黄道周认为光泽、崇安、浦城、政和一带，有四个关卡，几十条小路，曲折蜿蜒几千里，不能不涉足其间，只有考察险要的地形才能得到人和。

在黄道周的一再请求下，隆武帝只好同意他募兵防御闽北边界。七月二十二日，朝廷为黄道周的出征设宴饯行，隆武帝命令郑芝龙资助一些军费，郑芝龙却一毛不拔。

这一天，隆武帝任命黄道周为钦命招征直省便联络恢复南京江北等处地方少保兼太子太师吏兵二部尚书武英殿大学士，朝饯出师，北上抗击清军。傍晚，黄道周仅携50张空白委任状（仅限委任参谋、副总兵以下军职）和御赐军饷白银2640两，以及僚友张肯堂、何楷、周廷珑、佘飏、林之果等人捐助的军饷白银1860两，前往福州郊外芋原驿，计划沿闽江前往延平（今福建南平市）、建安（今福建建瓯市）、建阳（今属福建）等地召募义士组建抗清义师。

赵士超看到老师要出征抗清，请求一同出征。黄道周对他诚挚地说："我这次出征，必无生还的希望，为了国家大业，坐困等死终不是办法，所以不得不出兵抗敌。你年轻力壮，正当效力国家，不可跟我去死！"赵士超哭着说："我难道不可以跟随老师去死吗？我决心已定！"黄道周听他言词慷慨，又有这样的诚意，也就同意他同行出征。

赵士超看到出征兵饷不足，又无力再筹集，就慷慨地将家中千金

积蓄全部拿出来，募得壮士100多人出征。不少黄道周的门人听说出征的消息及赵士超慷慨解囊的义举，也都奋然而出，请求跟随出征。赵士超的老父亲听到消息，十分兴奋，说："黄公天下所望，我儿能跟随黄公一同去为国牺牲，名垂不朽，我还有什么遗憾呢？你安心去吧，切不要以老父为念。"

蔡玉卿看到《招征疏》，悲痛地哭泣说："此夫子尽瘁之日矣！招征之役，不过义无所逃，欲得一死，以下报孝陵与先帝耳！人不知义，宜复群起而笑之。"她支持黄道周以死报答朝廷，并且把自己的金银首饰都捐出来给义军做军饷，并鼓励自己的丈夫为国尽忠，家里的事不必挂心。另外许多百姓为之感动，纷纷送来粮饷，踊跃参加义军。家乡漳浦、铜山一带子弟听说他出征抗清，纷纷前来参加，包括他的学生毛玉洁，蔡玉卿堂弟蔡春溶，他的侄儿黄子渊、黄子静，侄孙黄堡等人各自召募率领一批乡亲，共2000多名义士前来参战。

沿途，黄道周亲自书写《安民檄》，说明募兵本意："神州陆沉，苍生涂炭，为救民水火而兴兵。"他在檄文中表示：自己是个书生，"不娴军旅""尔父兄子弟，有奇谋异勇及草泽英雄，有发奋投袂者，本阁部皆愿披襟以从"。沿途有不少官绅、秀才、仁人志士响应，出资的出资，助他募兵的募兵，甚至还有许多农民扛着锄头前来参军，被称为"扁担兵"。

黄道周在延平滞留5天，募得秀才陈雄飞、应士瑛等义士384人，编为第1营。又派人前往江西建昌（今天的南城县）和浙东，劝说益王朱由本和方国安共同进军，还动员浙江倪元璐子侄召募义士前来投军。

在抵达建安时，又募得高天荣、应天祥等义士384人，编为第2营。

在建安和建阳期间，闽南地区义士近2000人，分别由弟子魏桀斌、刘淳、张天维、商应椿、商为宋、蔡春溶、蔡春澧、张瑞钟、洪

京榜、赖继谨、侄儿黄子渊、黄子静，侄孙黄堡等人召募并率领，陆续抵达，编成5个营，每营384人。其中，洪京榜、赖继谨率领1个营作为中军。连同延平、建安人士，此时全军共有8个营约3100人。因闽南将士不习惯闽北湿热的环境，正值春夏之交，病倒不少，所以全军在建阳停留一段时间休整。

在崇安，又新增曹璋、莆田秀才林尧佐、闽南子弟、省外义士等4个营，部队总规模增至12营约4416人。

八月十一日，广信知府解立敬，知县蒋元士，乡绅詹兆恒、王孙番等人都派人请黄道周到上饶，因此他下定决心从中路出省，伺机谋取徽州。他希望用仁义和恩德达到招抚民众的目的。因此又上奏疏说，虽然缺兵少将，又没有朝廷的支持，但他仍然要把事业进行到底。

九月十六日，黄道周先遣陈雄飞等1个延平营，应天祥等1个建安营，以及魏渠斌、刘淳等率领的4个漳州营，共6营约2304人，出崇安分水关（今武夷山市与江西省上饶市交界处）入广信。二十五日，他毅然率中军2个营（除洪京榜、赖继谨所率的1个营外，还增黄子渊等子侄所率的1个营），和后军2个营（漳州和省外新到者），也经分水关入广信。

黄道周一路招募义兵、训练军队，克服重重困难。然而一心想着抗击清军、收复失地的黄道周，即使已经远离了朝堂，仍然躲不掉针对他的流言蜚语。当他在建阳时，就有人向皇帝造谣说他与江西藩王勾结。但皇帝对他还是很信任的，马上就命令把告状者的书信原封寄给黄道周。因为他曾经代皇帝草拟了几十封公文给那些藩王，他自己也屡次写信招抚征聘，共发出76封信件，皇帝全部清楚。黄道周就上奏疏表明心迹，说自己没有什么财产，虽然有幸受皇帝信任，却不能

书匾

免遭小人嫉妒，他只有一身忠肝义胆。至于学生们仰慕大义前来勤王，既是师生情分，也是担心他孤身一人陷于绝境。现在朝廷的诸位大臣不能卧薪尝胆，反而互相勾结、含沙射影，他希望皇帝能驱逐奸臣和豪强势力。

在这次出师过程中，嫉妒黄道周的人不希望他出关抗敌；关心黄道周的人也不希望他出关抗敌，因为没有大部队，没有充足的粮饷，仅仅凭着几千人，肯定无法打败强敌。因此朝廷决定将他的部队留驻在关内，对内能够消除作乱，对外可以积蓄居高临下北上进军的态势。然而黄道周不是因为一时之勇才出关，他几次上疏抗辩陈述说，自己很感激皇帝的知遇之恩，但如果不能进兵北伐，则希望陛下放他归乡，不要让他触犯法律，让亲朋知己惋惜，而被某些人所嘲笑。隆武帝被黄道周的忠诚感动不已，并解释说起初让他暂且留在关内控制局势，是出于对他的诚意。然后又表示，鉴于黄道周军队已经招募齐整，并到达指定位置，那么也就只能把大事托付给他了。最后，皇帝还说一定不会阻止黄道周的行动，并亲自拨出制袍费用三百两给他购置冬衣。黄道周将这些赏赐的银两全都分给将士，并于九月十九日同众位将士出关。

九月二十五日大军出福建崇安分水关，十月一日到达江西广信（今江西上饶）。然而徽州已于九月二十三日沦陷，广信也遭到清军的烧杀抢掠。于是黄道周马上派遣将领镇守马铃岭（今浙江开化县西北）。马铃岭高耸入云，是江南的脊梁，下岭不到百里就是徽州。

黄道周到广信后，广信府的士绅和军官共同邀请他进城，而城内

的许多居民早已为躲避清军而离散逃窜，一应财物也都被一抢而空。他抚恤还留在广信的百姓说，古人有寓治政于治军的传统，他今天就把君主仁义治国的道理融合在用兵的谋略当中。黄道周下令实行养老政策，规定凡是年龄超过70岁的百姓，官府都赠送银两布帛和酒肉。第二天又贴出告示，召集学生考试。逃散的老幼百姓都来了，青壮年百姓更是不用召集就自己回来。他重申奏凯报捷的意义，在明伦堂开堂讲学，乡绅子弟全部到齐。他还请大家主动捐献军需用品，避免催收租税打扰百姓，来的人都愿意捐款，保障了义军的后勤供应。

此外，黄道周还劝告江西和浙江士绅自行招募地方武装巩固边境，辅助朝廷军队，并发给委任状。上饶的詹兆恒、俞益华，金华的郑守书，常山的吕继望，东乡的张明禄等人都积极响应捐款。因仰慕大义而参军的超过万人，军威声势颇为壮大。这段时间也是他领导的军队的鼎盛时期。

黄道周见此情形，于是呈上《四不敢疏》，汇报军情，申明取道婺源（今属江西）、徽州，直捣南京的理由，表示义无反顾的决心。

十月三日，浙江倪元璐遗孤倪会鼎、倪会覃以及侄儿倪会绍带着家丁从浙东应召前来投军，与浙江金华监生郑守书所率义士600余人合编为两个营。另外还将浙江常山吕继望、陆洪基所募义士编为1个营；将上饶秀才郑祚远所募义士400余人，与上饶官生郑大伦及乡绅御史詹兆恒、秀才俞墨华的部队合编为2个营。到这时为止，黄道周麾下兵力有17营约6840人。此外还有施福、施琅所率水军近2000人。

六日，黄道周以陈雄飞、赖履葵、应天祥、黄奇寿、李瑛等人所率5个营近2000人，组成北伐军，前往婺源。事前派监纪王纲至海口（在今婺源县东南），委任董寿庚、董彭庚为参将，令其率义士800余人接应，并约原婺源副总兵游麟、江自强等部义士100余人协助。出师时，黄道周再三申饬不得分兵，应该利用那里的粮食，号召当地的群众，以静制动，等到5个营部队全部到齐，然后共同出击。

九日，黄道周又调动夏孚先、赵之璧、陈学鹏等人率3个营约1520人，组成西伐军，计划经河口（今铅山县北信江南岸）、上清（今鹰潭市南）挺进抚州，抗击汉奸金声桓部。但这3个营将领以天雨道狭为由，至河口即分道扬镳，夏孚先营直趋东乡县，赵之璧营北进瑞洪（今余干县西北），陈学鹏营北避于饶州（今波阳县）。

北伐军出征后，连续下了十几天雨，陈雄飞、赖履葵2个营以阴雨连绵，道路狭小，不便大队并进为由，擅自带领部队前往东向玉山县（今属江西），绕道马铃岭，向清兵占据的休宁（今属安徽）进发。于是黄奇寿、应天祥所部2个营直取八都（今江西上饶市北），经牛头岭向婺源挺进；李瑛所部1个营取道九都，经童家坊（今江西玉山县北）向婺源东面进攻。

在后方的黄道周听说北伐军分兵，非常着急，立即撰《谕诸监纪总兵》，一天之内发出4道命令，命北伐军各路合兵一起攻打婺源。然而由于道路东西方向不同，相距100余里，山岭高耸，溪流幽深，最终没有办法合兵，于是这些部队只能分头前进。

接着，黄道周向皇帝呈上《出师疏》，报告北伐军和西伐军出师的消息。稍后，又作《食尽兵单请自黜疏》请求朝廷增援。

十月十四日，黄奇寿部取得牛头岭之战的胜利。当时连续多天阴雨，参将黄奇寿、监纪许应梦等人，冒着雨从八都来到牛头岭下面，雨稍停，前方传来消息说有上千清军的骑兵到来，许应梦率部分义军沿河据守，黄奇寿带着精锐部队过河，遇到100余名挥舞着铁骨朵的清军，双方展开激战。黄奇寿的部队且战且退，许应梦、黄家征等人率全营其他部队赶到，两营部队合围，杀敌41人，缴获军旗、金印，战

马4匹、武器40件、帽子战甲30件。黄道周将这些战利品陈列出来以鼓舞士气。当初命令两路分头进攻之际，他心怀疑虑，用《易经》卜得大畜卦的六五爻象，又用《焦易》卜得小过的体卦，卦象显示虽有惊吓，但不会有损伤，所以能够破敌。此时看到有这么大的胜绩，他当即上疏请求褒奖，作为对将士的勉励。

黄道周亲自到八都视察部队，再次上疏说已经派遣5个营部队向婺源方向进攻，并准备约定日期再率领4个营随后跟进，作为后备力量。各部队徒步挑粮以保证饭食供应。他认为如果祁门县、黟县的民众可以动员起来，而进攻休宁、婺源的将士也能收复失地，那么到时候必然能大举聚集仁义之师，在南京的牛首山、石头山上震威号召。然后他又说，如果无法打开局面的话，他就要进军东山、建德一带，和郑三俊、吴应箕的部队会师，然后搜集江西星子县的船只，顺流东下。最后如果真的到了无可挽救的绝地，他也会自刎以谢陛下。然后他又马不停蹄地返回广信，撰写《广信安民檄》，并命令乘胜推进，列阵婺源城下乐安江支流南岸。

此后，又有捷报传来。先是北伐军应天祥营阵前活捉清将姜美光。后又有婺源清军骑兵渡水掠阵，汉奸黄澍遣人招降，应天祥营和董寿庚部迎战，斩清将4员、清兵80多人，获马8匹。

西伐军方面在这几天也取得了较大的战果。十月二十一日夜，夏孚先部收复了安仁县（今余江县东北锦江镇），擒获清朝官员邹雄飞等。二十三日，赵之璧部擒获清朝安仁官员魏得权和降清的明朝安仁县丞邵之宿。二十六日，又擒清朝推官朱盛德。到二十七日，已控制安仁、余干两县。并遣都司杨昌禧、明朝巡抚陈良训之子陈赉典，与被感化反正的清将曾名卿，潜入金声桓把守的南昌，联络明朝遗臣孙戴等人。

到了此时，北伐军与西伐军各扩至2500余人，加上随着黄道周留驻广信等地的9个营3500余人，驻守铅山的施福、施琅水军近2000人，总兵力已达10500余人。此外，北伐军新募乐平县（今属江西）许廉等义军部队在向徽州进发的途中，3次与清军交战，获马300余匹。

黄道周从八都返回广信府，调配兵马粮饷，全力为前方部队做好策应。他面对瞬息万变的时局，感受到边境防守的艰难，于是上疏说，部队以4000兵卒和3个月的粮饷战斗到现在，快要支撑不住了。自己既没有高超的治政能力，也没有优秀的统帅本领，就像一个穷孩子，到处乞讨军饷以维持军队的运作。他希望皇帝能够尽快另选一名得力大臣总督军务，或者马上起用广信巡抚徐世荫、布政使徐应秋，这样以他们在当地的声望，更容易联络各方。此后，他又上疏推举赵士超、俞墨华、徐敬时、徐孚远等9人，请求授予职务，为朝廷立功。

十月二十八日，皇帝下旨批准了黄道周所举荐的人，并安排他们都在军前效力。但是由于广信府为战略要地，巡抚徐世荫必须严加防守，因此不能调离。

这时各位将领已经在之前奉命出兵，加上牛头岭之战的胜利，乘胜前进到婺源，沿河布阵。黄道周也派遣监纪王刚，约定北伐军在海口镇集中，命令参将董寿庚等人率乡民800余人预备作为接应，又预约婺源前副总兵游麟等人，率地方武装100余人协助。从十月十九日到二十二日，在黄道周的率领下，义军多次挫败清军发起的进攻，俘获相当，各有胜负。

二十三日，义军对清军实行合围进攻，游击李芬发射火铳杀死一员敌将，董寿庚和余勋合力斩杀一员敌将，翁良崧、李纯各射杀一员敌将，李纯被打掉两个牙齿，仍然奋不顾身，向前冲锋。那些乡民协助大肆鼓噪。然而，在延平、建宁招募的士兵因训练不足，还不适应

阵战，被敌人的骑兵践踏蹂躏。参将王加封一马当先，英勇杀敌，亲手杀死几十人，最后力竭牺牲。游击李忠远被俘虏。总共牺牲了30多名将士。不过，义军也杀敌80多人，缴获战马8匹。战后分析，认为义军之所以失败，全在于清军有骑兵，清军短箭在30步的距离就开始发射，精准度较高，杀伤力大，被射中的义军都牺牲了。而漳州的士兵用棉被做盾牌，箭不能射穿，因此屡屡获胜。延平、建宁的将士仅有火铳，没有办法自我保护，因此失败。这次战斗，由于董寿庚断后，加上漳州将士及时赶到，所以没有造成大溃败。然而逃散在山谷之中的士兵和将领依然下落不明。

十一月三日，北伐军取道九都、童家坊的李瑛营被清兵袭击，全营溃散。清兵在归途中又袭击了北伐军驻海口的黄奇寿、应天祥营，他们因得到许廉部驰援而没有溃败，黄奇寿部损兵十余人。

此前，因向导失误，北伐军出马铃岭的陈雄飞营岔向白礤岭，而赖履葵营向西取道黄源趋向海口。

六日，驻婺源和休宁的清军骑兵又分别袭击了海口的黄奇寿、应天祥部和白礤岭的陈雄飞部。同日，西伐军驻瑞洪的陈学鹏部，以300人夜袭团鱼洲清兵，烧毁大粮船3只，小船4～5只，焚溺清兵200余人。但凯旋途中，因天亮逆水行舟，暴露兵力，自己也损失近200人。

到这时为止，北伐军约存3000人，西伐军约存2300人，广信大本营约3500人，施福、施琅驻铅山水军有近2000人，巡抚徐世荫率领近1000人，黄道周麾下总兵力尚有11800人。所携空白委任状都已颁发完毕。

在此期间，黄道周陆续呈上多篇奏疏，汇报当前形势。同时，考虑到抚州义师首领艾南英是自己的弟子，于是他又写了《与艾千子书》，请他接应西伐军。随后，又作《与傅木庵书》，请抚州抗清将领傅鼎铨再度出山，协助西伐军。

冬至日那天，趁着诸位将领参加宴会的机会，休宁、婺源的清军同时发动突然袭击。从休宁出发的清军有300多名骑兵。陈雄飞不出关，而是派遣参将应士瑛等人率领200人出战，杀死清兵27人，正在调整之际，敌人骑兵主力到达，占据了高偃桥，前后夹击，诸位将领奋力作战，但最后都牺牲了。鄱阳湖东面的部队有3个营1200人，他们慢慢向瑞洪镇前进，最终也因为分路进攻，所以也溃败了。

黄道周深感这些部队的败绩主要是由于自己指挥无能所致，因此再度上疏，一方面请求对死难将士加封抚恤，另一方面也主动请求朝廷定自己的罪。奏疏呈上去后，但圣旨却一直没有下达。黄道周心想从出关以来，已经超过百天，虽然经历过失败，但是士气没有受到挫折。部署在休宁、歙县的山区之中，像许廉、汪浃、杨振新等将领都还有几十上百人的队伍，如果和山寨联络，动辄号称几万人。之前守卫马铃岭，先锋陈雄飞在白礤岭的部队，总兵方机在沙溪的部队，合起来可以达到三四千人。如果得到这些部队，直接向徽州、休宁地区进军，坚持不冒险进攻，伺机而动，还是可以有所作为的。但是，黄道周回顾出兵的前前后后，决定自我解职，达到激励将士的目的，所以随后又上奏疏表示以仁义之师、兴兵讨伐，却以失败告终，请求皇上解除职务。

在此期间几路部队都溃败了，清军骑兵从四面八方突袭进逼过来，不只是士气不振，而且上饶也没有防守的斗志。黄道周悲叹没能达成建功立业的愿望。于是再次上疏，说暖水距离上饶百余里，他的部队防守海口，退却驻扎在八都的部队有1500人，从东面马铃岭出击的有700余人，又有1200人向西出击饶州、抚州，除去这些在外行军作战的部队以外，他所剩下的部队也就1200人而已。现在事态

非常危急，请皇上急令方国安率大军直捣徽州，乘敌人向西进攻的机会，或许可以破敌。即使不行，也可以解除上饶的危险局面，牵制敌人的兵力。

奏疏呈上去后，隆武帝很快下达了圣旨，他命令方国安从严州，郑鸿逵从马金镇出兵，两路部队对敌人形成牵制的态势。然而这两路部队都无视命令，按兵不动，冷眼旁观，坐看事态发展。黄道周不得已，只好召集几位将领商量。他认为，敌人虽多，但只是虚张声势而已，如果能拖延到明年春天，等他们弓箭松弛战马懈怠，一定可以破敌。但现在几千士兵的粮草已经供应不上，无法久拖。与其退回来四处逃散，不能报答朝廷，不如一战决出胜负。

十二月六日，黄道周再次从广信府率中军2个营768人，以及乐平、德兴县将士1000余人，携3日粮食，北征婺源。当军队行至童家坊时，乐平失陷的噩耗传来，而从弋阳、铅山、贵溪等地招募的2000余义勇也没能按时到达。鉴于此，广信守将和乡绅都纷纷劝黄道周暂缓进兵，但他认为部队既然已经出发，就应当义无反顾、一往直前，若是刚出发就退却，只会扰乱军心。从此不再询问广信府的兵员情况，仍然继续出师。同时，黄道周写了一篇《谕》，拟救乐平。

二十四日，黄道周率军抵达距婺源十里开外的明堂里，命令安营扎寨。这天夜里，他将随身携带的招征和隆武帝所赐“良弼印”，以及《易筮命》《诗晷正》《春秋表正》等著述，托付中书舍人陈骏音带回故乡。

据陈骏音回忆，“当先生在明堂里，知事不可为，志决来朝（决心次日决战）……令连夜从间道还家”，可以看出，黄道周兵败被俘并非由于清兵的诈降，而是由于痛感无力回天，于是决心与清兵死战的结果。

后来蔡玉卿听说这事后，向陈骏音索要这些物品，而陈骏音希望能把这些著作刻版发行，因此谎称不在自己手上。没想到在旅途中由于一天夜里邻家失火，火势蔓延到他的住处，把黄道周的著述付诸一炬，没能流传下来。

另据《洪谱》和《庄谱》，以及《文明夫人行状》记载，陈骏音带回了“招征印”和“良弼章”，后隆武帝把“良弼章”赐给黄道周遗属保存。

在行军过程中，坏消息接踵而至。有人来报，军中粮饷供应不上，只够300人吃10天了。于是黄道周就命令许应梦等人前往乐平、德兴二县催粮，但都没有结果。二十五日早晨，敌人的骑兵已经奔袭而来。黄道周骑马前进，中书赖继谨拿着令箭督促大家投入战斗，杀死了少许敌人，缴获了马匹等战利品。黄道周怀疑这些仅仅是引诱之敌，传令不要追赶。但是参将高万荣不听命令，说按照兵法只有居高临下才能取胜，马上带领士兵登山。但是敌人的大队骑兵已经从山间小路绕山而行，包抄北伐军后路。北伐军士兵看见敌人来了一哄而散，黄肃、倪彪等人看见这种情况，以为部队已无法再战斗，也逃跑了。只有黄道周独自率领中军部队扎营不动。

者乃能已醜明才能一一踢出神精力第一本事
擻務到極細極微而在發前闊排襯丕發學
着於須如去敲鼎鐵一樣用工而以洗心退藏
隱約潛高明之藝如是劉人定竟到家宅

兩浙之秀知王書堂之後與陳道周希孟
趙穆三人明明閣老論笑久之斷為信然
學李道之出春陵之有名士擇事論笑甫
偕者相過數次便以服於謁人之志在先
趙白雲真不為流俗所惑自然畏異端小

第五章

宁死不屈

由于兵力差距悬殊，黄道周兵败被俘。他被一路押至南京，多次绝食，誓不降清，最后与他的几个学生一起慷慨就义。

兵败被俘

黄道周赤胆忠心，虽是文官，但看到掌握兵马钱粮大权的郑芝龙既不拨给兵马，也不给粮饷，不胜愤慨，只好自告奋勇募兵出征抗清，利用自己的声望，沿途招募一些忠贞之士。他虽然读过一些兵书，但从来没有指挥过军队，部下兵将几乎都是应募而来，没有经过训练，缺乏作战经验，全是凭着一腔热血奋勇前进。后人称赞他的抗清“知其不可而为之，是武乡、信国之所以尽臣节也。嘉其志，悲其遇，因不必苛其才与功哉。”黄道周的抗清之所以引起后人的重视和赞誉，并非由于他在军事上的成就，而主要是出于他的忠诚精神和民族气节。

隆武元年，黄道周已经61岁了。

信州之战不久，黄道周遭到清兵大批援军的围攻，婺源、九都、白磜、抚州等地也不断告急，义军伤亡惨重，粮饷又缺。黄道周以“精忠报国”激励义军，亲率千余义军，从广信进军，攻打婺源。

义军一路挺进，连日苦战，十分疲劳，他们在婺源明堂里与清军遭遇，清军越战越多。黄道周见义军被围，将士势孤不支，知大势已去，立即把所佩招征印唐王所赐帝赉“良弼”的印章，交付中书陈骏音带回故乡，并说：“如有危急，皇上赐印不可丢失，要善加保护！”命他骑快马返回福建。黄道周则勉励大家不负八闽父老的重托，务必做到“临危不能屈志，遇难切莫动心”，抱定“有敌无我，有我无敌，誓与清军血战到底”的决心。

义军苦战多日，十分艰苦。十二月二十五日清晨，清军徽宁池太提督张天禄率所部四路合击。黄道周临危不惧，策马直前，指挥若定。义军英勇血战，跟随他死战到底。赵士超闻知情况危急，赶紧率领部分义军要突入救黄道周，部下赶忙劝他，去了都死没有好处，对大业不利。赵士超仰天长叹，流泪说：“我受我师厚恩，情义重如山，我怎能背着我师不救而误国害民呢？即使同死，我也心甘情愿！”说完不听劝告立即率义军冲入重围和黄道周汇合。兵溃之际，黄道周率中军不退，无人投降，终因寡不敌众，为清军所俘。他慷慨悲歌：“我生为大明人，死为大明鬼，虽马革裹尸，死而无愧！”

除了黄道周和赵士超外，同时被俘的还有中书舍人赖继谨、蔡春溶，通判毛玉洁，以及游击朱家第、许成，千总李成，守备王守礼等100余位将领，阵亡将士达1000余人。

这时，黄道周准备自刎，赵士超劝他：“这里到南京不远，如果能当面斥责洪承畴奸臣误国之罪，最后魂魄能够傍近明孝陵，那时再死也不迟。”当日，黄道周及赵士超、赖继谨、蔡春溶、毛玉洁被押解至婺源。其余被俘将领不久都遭杀害。

黄道周一行被带到婺源后，清军将领备办酒席侍奉黄道周，劝他投降。黄道周大骂不吃。那些被俘将领也都悲伤痛哭。唯独赖继谨从容镇定，独自饮酒吃饭，说：“人师而死，为幸多矣，何哭为！”表示与老师一起为国捐躯，是一种天大的幸运，完全没必要悲伤流泪。

赖继谨，字敬孺，是漳州府平和县的生员，慷慨激昂有气节。从邺山大会开始，就和庄起俦一起共同侍奉黄道周。当初行军至建阳时，赖继谨劝黄道周在关内驻军，黄道周不采纳这条意见，庄起俦就和赖继谨相对而坐到深夜，庄起俦说，这回出征，能活着胜利归来便可封侯显贵，即使死了也可让人立祠敬仰，名垂青史。良久，赖继谨说，前途难以预料，你有老母在堂何不回去，至于我是誓不后退，坚决要跟随老师。临别时，两人握手依依。此时赖继谨已抱定为国捐躯的决心。第二天，庄起俦把这件事告诉黄道周，黄道周感慨说：“为我致意邺山，吾亦欲归，未知何日？”

蔡玉卿听到丈夫被俘的消息，派家人化装送去了一封信，信中说：“自古忠贞，岂烦内顾，身后之事，玉卿图之。”蔡玉卿知书达理，对丈夫忠贞报国予以极大的鼓励。黄道周得书大笑。蔡玉卿又致书鼓励他尽忠说："到此地位，只有致命遂志一著，更无转念。"言词慷慨激昂，深明大义。

到第二年正月初二，黄道周被囚婺源期间，开始了第一次历时7天的绝食，并作七律《昏晓八章》《夷犹八章》和五律《过言八章》《自悼八章》《造怨八章》等诗。

相传，黄道周就俘时，弟子多跟着他，他劝阻他们说："我作为大臣，按道义应该为国而死，你们不用随我赴死。"弟子们听了这话还是不走，他就说："你们大家可以追求义节而死，但你们没有拿朝廷的俸禄，也可以不必赴死。我今天与大家诀别，自愿殉难的人就一起走，有父母妻子的人不要跟我前往不可知的险境。"

为表心迹，黄道周还赋诗一首：

倾危世事廿年中，曾梦高皇与二宗。
胜负当头应有数，去留舍我更何从？

此处所说的梦见高皇帝一事，就是之前在龙江遇风受阻做梦时，听到"爱卿竟然舍我而离去"的话，因此黄道周又注释："不图今日舍身于此也！"二宗是指成祖文皇帝和神宗万历皇帝。黄道周在天启甲子年（1624年）翰林院散馆结业时，曾经梦见神宗皇帝召见他说："汝欲胜人，道在自胜。"又在崇祯九年（1636年），梦见成祖文皇帝召他到床前，屈指运算后才说"三九四七"。黄道周认为这是指易经卦象中的命运年龄。这个时候他被拘押在婺源，等到从婺源出发，才喝一点米汤，又梦见途中有石碑刻字"夷犹吾行兮"，因此又写下了《夷犹》诗。"夷犹"的意思是说人生进退应该随意一些，不要太固守自己的信念。

隆武二年（清顺治三年，1646年）正月初三，近62岁的黄道周被押离婺源，取道徽州（与新安卫同属今安徽歙县，故又称新安），解往江宁（又称白下，即今南京市）。

金声（1598—1645），初名成光，字正希，号赤壁，安徽休宁人。崇祯元年进士，选庶吉士。慷慨建言，不受重用，于是回乡操练乡勇。弘光朝灭亡后，起兵休宁，坚守绩溪、黄山，分兵扼六岭，通表隆武朝，授右都御史兼兵部右侍郎，总督诸道军。收复旌德、宁国各县。九月下旬，兵败被执。十月八日，不屈而死。隆武朝谥文毅。传见《明史》等。

黄道周途经新岭（在今安徽休宁以南70里）时，为悼念上年十月就义的皖南抗清将领金声，作七绝《过新岭吊金正希四章》。

当他们一行抵达徽州时，正值正月十五元宵节，黄道周看到即使国家灭亡，徽州百姓还像平常一样办灯会，为此心寒不已，于是开始历时14天的第二次绝食，并作七绝《新安元夕四章》。

正好赖继谨寄信回家，黄道周也托话请求把大哥的一个儿子过继为子嗣，他没有重新写信说明，只在赖继谨的家信后面题字："蹈仁不死，履险若夷。有陨自天，舍命不渝。"表示哪怕身死，也不改初衷，说自己是奉行天意而做事。当时一起遭难的，除了赖继谨之外，还有中书蔡春溶（字时培，是蔡夫人的堂弟，漳州府龙溪县人，曾经是邺山大会的参与者之一）、司马赵士超（字渊卿，是福建闽侯县秀才）、别驾毛玉洁（字元水，庐州府六合人，以贡生的身份在沙邑当副职）。毛玉洁、赵士超都以大义追随黄道周，一个被任命为监察统理军务，一个被授予上饶通判。自从兵败被俘之后，黄道周师生只剩最后一个月时间朝夕相处。二十四日到达留都南京后，黄道周被幽禁在城中，其余四人被关押在其他地方。黄道周即便独自流泪想念他们，也无从遥寄问候。因此有了《待命》《归衅》等诗作。各自有诗歌八章，不能够全部抄录，其中的《东山》诗写道：

垂老谈为仁，了不见精致。
缅怀七尺躯，肤发蔽天地。
斯民既颠脐，骨肉安足恃？
抱头出林莽，亦与狐豕类。
况可负日月，而窃鬼火气。

管子胶日时，已得礼乐意。
弘才不可遇，季路亦其次。
孔门道成人，于此无二义。
仓皇既可参，生死何足异。
颜回委陋巷，正则蹈水（济）。
当此并命时，要一无所系。
须发联华嵩，眉眼照百世。
试问古成人，成就无乃是？

大意是：垂老时谈论成为仁，已经看不到它的美好。缅怀七尺身躯，肌肤毛发将被天地掩蔽。黎民百姓已经困顿挫折，身体骨肉还有什么可依赖？即使抱着头逃向山林，也是和狐狸野猪同类。何况可能会辜负日月照耀，而吸取了鬼火妖气。管仲在学校学习的时候，已经明白了礼乐的道理。雄才伟略的人无法遇到，像季路那样的人也在其次。孔子所说的完人，在这里没有异议。事物变化无常都可以参透，生和死还有什么不同。颜回委身于陋巷而不改初衷，坚持信念涉江蹈水无所畏惧。当为信念效命时，不能牵挂任何东西。胡须头发和华山嵩山联系在一起，眉毛眼睛可以照耀百世。试问古代的仁人，功成名就不就是这样吗！

这些诗是黄道周刚到南京时在暂时拘押地创作的，后来他被关进膳宿监狱，半夜听见钟声，感叹往事的前后变化，又写下绝句百余首，其中一首写道：

啼定方知是禁城，不堪卧起转分明。
只觉晨挝沉百杵，从无朝鼓续严更。

大意是，钟声响过了才知道是监禁的地方，无法安睡辗转到天明，只觉得早晨百根杵棒敲打落入水中，不是上朝的钟鼓延续了冬夜敲更的声音。其声哽咽，在这生死存亡的关键时刻，黄道周不禁哀伤感念。左右伺候的人经常为他折来玉梅花，又叫人弹奏胡琴以供娱乐，黄道周更加悲愤，写诗说：

马头宁得有蛾眉，老大明妃出塞时，
自付飘风看坠叶，御沟芳草未应知。

大意是，马头琴上难道有美丽姑娘，大龄的王昭君出塞和番，把自己托付给暴风雪独看落叶，宫墙御沟里的芳草不应该知道这些事情。他绝食到这时已经是第14天了，自己认为会死，却又没有死。于是又写诗遥寄四位弟子，诗中写道：

高坐虎头撩百兽，别传精意与骊熊。

意为：高坐在危险的虎头上挑逗百兽，另外传递诚意给四只黑熊。又写道：

画符莫贴阆风门，两足腾空犹自尊。

意为：死后画符不要贴在高高的门上，两脚腾空依然保持自尊。这是用死寄托情意。然而他也不知道弟子们能否收到，聊表心意而已。

二月二日，黄道周第三次自杀未遂。作七绝《二月朔后引磬不殊起而慨然》。

五日，作五绝《告辞十八翁》72章，诀别平生游历的部分名山胜迹。

九日，黄道周度过了他的62岁诞辰。

黄道周自出师以来，共作诗311章，总名《石斋逸诗》。其中在膳宿监中写了五律13首79章，赠给寓居南京的僚友黄文焕。在这本诗集的自识中，他用“防风虽倒，犹留一节，以问尼山”这句话来表明心迹。

承畴劝降

黄道周被关押在南京后，洪承畴喜出望外，他认为朝廷得到一个忠义之人，比得到几州的土地还有用。而且，黄道周和他又是同乡，因此，他多次派人劝降。然而，黄道周入狱后就绝食。洪承畴怕黄道周很快饿死，千方百计劝他进食。黄道周仍是不从。据说，洪承畴为此找了几位福建漳州商人来到狱中，以乡情相劝，还邀他去逛街，并进入饭铺，黄道周也不肯吃饭。这样经过14天，黄道周没有饿死，但仍不降清。洪承畴最后亲自出马，想以同庚、同乡的关系劝降。

这天，担任江南总督“招抚南方总督军务大学士”的洪承畴穿着一身清朝官服，来见黄道周，摆出一副毕恭毕敬的模样，对黄道周拱手说：“石斋兄近来无恙，一别数年，有幸在这里拜晤阁老，可喜可贺！”黄道周面色凌厉，闭目而问：“你是什么人？”洪承畴忙趋进黄道周身旁说：“南安洪亨九，洪承畴，您的老乡，今受命参拜阁老大人。”

“啪！”黄道周愤怒地给了他一个巴掌，高声大骂：“洪承畴已经死了，哪里还活着？乃是无籍小辈冒名哩！”又怒气冲冲地呵斥：“咦！厅堂之上，为何放些猪狗禽兽进来乱窜，快给打赶出去！”

洪承畴低声下气地说：“老兄不要动怒，不要误会，小弟洪承畴特来拜候！”

黄道周更加气愤，大声骂道：“光天化日之下，为何见鬼？鬼！鬼！鬼！何方鬼魅，给我滚出去，你到底是何鬼怪，竟敢冒认我好友洪承畴！想我好友洪承畴前年已在松山以身殉国，先帝为之致祭十六场，真是生荣死哀，名留青史。你到底是何货色，竟敢如此冒认，还不快滚出去！”

原来，洪承畴在崇祯年间任陕西三边总督、兵部尚书，率领八总兵13万人，与清军在松山会战，被打得大败。消息传来，崇祯帝以为他为国殉难，于是为他举行了隆重的朝祭。其实他是被清军俘获至潘阳，投降了清军。今天，黄道周这是在故意羞辱他。

洪承畴被黄道周骂得满脸通红，无地自容，但仍不死心，又再引诱说：“阁老，人生几何，何苦执迷不悟？阁老如肯降清，少不了封侯拜相，腰金带紫”，不断地以利禄引诱他。黄道周始终正襟闭目，不屑看他一眼。

见劝说无效，洪承畴只得无奈地离去。黄道周睁开眼，舒展了一下身子，吐了一口唾沫，表示鄙视，愤然写下一副妙联：

史笔留芳，虽未成名终可法；

皇恩浩荡，不思报国反成仇。

“承畴”与“成仇”同音，他以史可法和洪承畴对比，前者千秋不朽，世代传颂；后者遗臭万年。这首诗抒发了黄道周的忠贞之心。

黄道周在监狱里，常常写下许多慷慨激昂的诗词，表现了他视死如归的英雄气概。例如：

六十年来事已非，

翻翻复复少生机。

老臣拼尽一腔血，

会看中原万里归。

洪承畴明知黄道周有意讽刺挖苦他，也没有改变态度，仍然想争取他降清。为此，他上疏说：“道周清节夙学，负有重望，今罪在不赦，而臣察江南人情，无不怜悯道周者，痛惜道周者，伏望皇上赦其重罪，待以不死。”这封奏疏是否真有其事，这里且不说，但处死黄道周的确是清朝最高统治者的决定，洪承畴是无法改变的。

根据《洪承畴传》的说法，黄道周这支义军受到清朝总督江南军务的洪承畴的高度重视，分析起来，原因有以下两点：一是黄道周的身份引起他的重视。黄道周是明朝有名的、正直的朝臣，明亡后又在南明弘光政权任职，而后又曾是隆武政权的首辅。以他的这种身份领导一支军队，影响自然比较大。加之他虽然是不知兵的文官，但是起来振臂一呼，一下子招募到万余人的军队。这对清朝统一江南的进程还是有威胁的。二是黄道周活动的地区正是洪承畴的辖境。原来金声领导的抗清部队在安徽一带活动，对洪承畴就是个威胁。所以，洪承畴到江南后，首先就集中力量镇压金声武装。而黄道周继金声之后，又在安徽、江西活动，黄道周的地位比金声高，因此，洪承畴在镇压金声队伍之后，用主力去镇压黄道周的部队。黄道周被俘之后，洪承畴又极力劝降，希望争取他降清，其原因就在于此。从洪承畴上报的揭帖里，也可以看出他对黄道周看得很重。

以身殉节

清廷多方劝降，黄道周心坚如铁，宁死不屈，清廷最终决定处死他，行刑日期定于南明隆武二年（清顺治三年，1646年）农历三月初五。

三月初四晚上，一位老仆人持针线对黄道周哭说：“这是我最后一次伺候主人了。”黄道周笑着说：“我为忠义而死，就如寿终。人谁无死，不必悲伤。”有旧友携酒肉来诀别，他像平时一样喝酒吃肉，酣睡到天明，起身盥漱，换了一身整洁衣服，对侍仆说：“前时某人送卷子来请我写字，已经答应了他，不能言而无信。”他于是和墨伸纸，先作小楷，再写行书，写完加盖印章，交与侍仆。然后从容被带往刑场。

经过东华门，黄道周坐地不起，说：“此地离高皇帝孝陵近，我可以死在这里。”监斩官同意，即在曹街行刑。

在路上，陪斩的学生赖继谨、蔡春溶、赵士超、毛玉洁（合称四君子）被押着随后哭奔，大声叫道：“先生稍等，我等从死来了！”几个学生甘愿和老师一起死，黄道周点头表示欢迎。

刑前，家仆跪在路旁边，哭泣着问他：“相公一别千古，今天要殉国了，请问对家务有什么吩咐？请留下遗言。”黄道周撕下衣角，咬破指头，用热血写下血书：“纲常万古，节义千秋，天地知我，家人无忧！”写完交给家人，高声说道：“持此报夫人去！”表现了他慷慨就义的英雄气概。

就这样，黄道周师生在南京东华门前，遥拜孝陵后，从容就义。这时，天昏地暗。南京老百姓悲伤地痛哭了5天。黄道周生前发誓：

“头不戴清天，脚不踏清地”，死时直立不倒。闽南、台湾丧葬风俗都遵循他的这句话，大家相互仿效，成为习俗，至今仍在流传。殡殓之时，男女都穿明朝衣服。大孝男头戴竹笠或草笠（俗称戴铜笠），或头上插上一支榕树青或龙眼树叶，以示“头不戴清天”；双脚还得穿双草鞋，站上小竹椅，以示“脚不踏清地”，一切仪式完毕，土公口里念道：“头不戴清天，脚不踏清地，眼睛紧闭，放心而去吧！”说明黄道周在闽台民间的影响之大。

黄道周殉国后，其学生陆自岩用千金秘密购得尸首，草葬于南京聚宝山外，立黄石为记。顺治七年（1650年），蔡玉卿遣长子黄麑与部将赵之璧往南京寻找，费尽周折，终于将黄道周遗骸运回漳浦北山，葬于祖坟。至今，黄道周与四君子墓仍然保存完好，墓葬北向，黄道周墓封土直径3.5米，墓前三合土结构，平面呈“凤”字形，三层墓埕，墓碑刻：“明赐进士光禄大夫柱国少保兼太子太师、吏兵二部尚书、武英殿大学士，前詹事府经筵讲官，赠文明伯，谥忠烈石斋先生暨配诰封一品夫人谥孝徽蔡氏之佳域，岁在壬寅季冬谷旦立石。”与黄道周同时殉节的四个门生于康熙二十九年（1690年）由黄道周幼子黄子平迁来祔葬于黄道周墓右前，立有墓碑。

料理完黄道周的后事后，蔡玉卿为避战乱，带孤儿住在漳州城。

漳浦北山黄道周墓

清顺治九年（1652年），郑成功部队围困漳州城，破城后，郑成功听说蔡玉卿是黄道周夫人，十分敬重，奉送白银200两为她祝寿，但她坚持不接受，离开漳州城，从此隐居在深山之中。

漳浦黄道周墓碑

蔡玉卿婚后生有4个儿子，黄道周殉难时，长子子中才15岁，次子子成避兵乱渡河失踪，儿媳和三子子和又早逝，家中只剩下一个幼儿子平和一个长孙。

蔡玉卿是书法家兼诗人。结婚后，深受黄道周渊博学问的影响，刻苦学习，朝夕研摹，寒暑不停。又深得丈夫指点，水平也很高。

在黄道周去京城途中，蔡玉卿天天专心临摹东晋女书法家卫夫人的字帖。她是黄道周的知心夫人，又是好学的益友。由于她长期刻苦研摹黄道周的书画、诗词，及钻研古今书画、诗词，经过长期的磨炼，进步很快，书、画、诗都有成就。她模仿黄道周写楷书很逼真，早期书法全部署黄道周名字，她说自己的“闺中名不宜外传”，因此，黄道周的书画包含着蔡玉卿的心血和汗水。一直到晚年，她的楷书才署自己的名字。因此其作品多不行世。

蔡玉卿作为富有正义感的女诗人，经受了国破夫死的双重打击，亲身体验到现实生活的极度黑暗，因此，她写下了一些反映当时社会现实生活的诗篇。她的诗歌抒发了强烈的爱国主义情感，主要表现出她对国事民生的关怀和对奸臣误国的憎恨。如《满夷跳梁有年似未伏天诛群臣负国也》：

铁马西行灭燕支，楼船南迈挞吴师。

声威赫赫前无比，今日胡为吧伏雌。

这首诗反映了在清兵入侵，占据中原故土，国家危难的时刻，平日显赫无比的大臣都躲藏起来，不敢抵抗外族侵略，贪生怕死，置国家民族于不顾。女诗人悲愤地指出：“群臣负国也！”

在《口占寄石斋》诗里，蔡玉卿深刻揭露大臣们贪生怕死，负国误民，颓废委靡的丑态：

逢迎欣得色，全带便横腰。
加赋困黎庶，仗钱纵美娇。

蔡玉卿的诗表达了对国事的关心，对丈夫抗清的支持和鼓励。在《石斋上长安诗以勖之》诗中，她是这样勉励黄道周的：

幸期匡颓俗，所冀伸怀抱。
以此慰闺人，寸心良为好。
况乃百年中，齿发倏已皓。
干国有几时，忠直永为宝。

这首诗希望丈夫匡扶明室，革除颓俗，施展抱负；为国为民，建功立业，以此安慰闺中之妻；人生年华易逝，更应抓紧时机干一番事业；勉励丈夫正直为官，忠诚报国。全诗直抒胸怀，议论风发，感情真切，一气呵成，充分表达了女诗人关心人民、热爱祖国的思想感情，读之令人振奋。

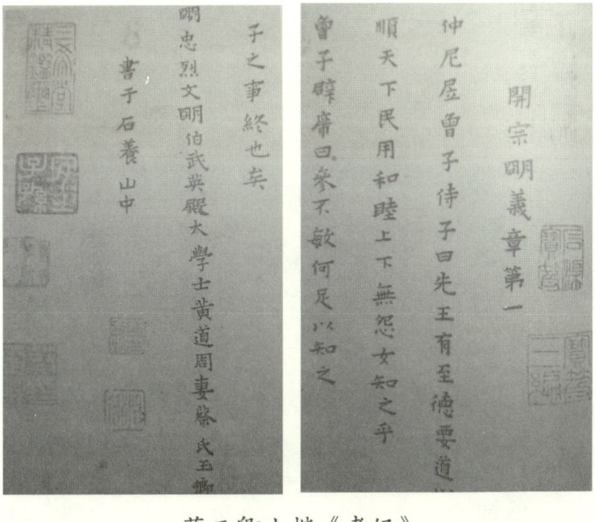

蔡玉卿小楷《孝经》

崇祯十七年（1644年），吴三桂引清兵入关，崇祯帝吊死煤山。明朝大势已去，蔡夫人诗曰：

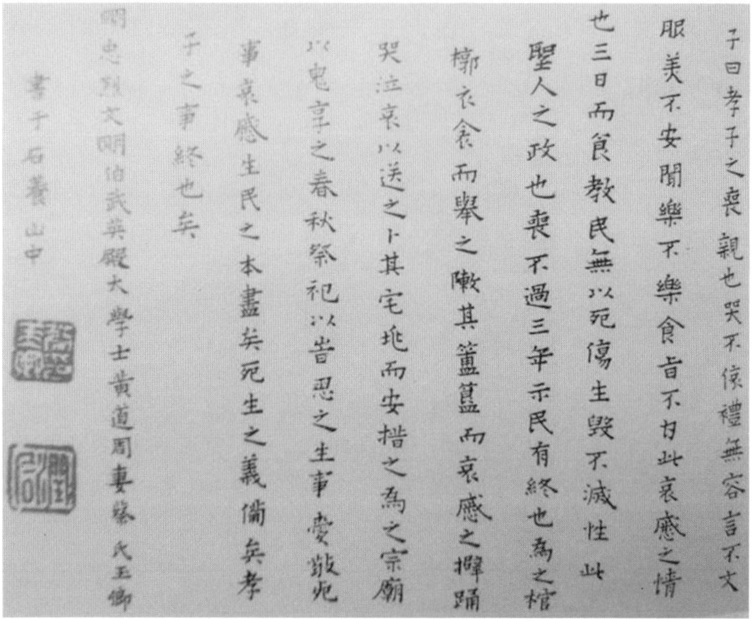

子曰孝子之喪親也哭不偯禮無容言不文
服美不安聞樂不樂食旨不甘此哀慼之情
也三日而食教民無以死傷生毀不滅性此
聖人之政也喪不過三年示民有終也為之棺
槨衣衾而舉之陳其簠簋而哀慼之擗踴
哭泣哀以送之卜其宅兆而安措之為之宗廟
以鬼享之春秋祭祀以旹思之生事愛敬死
事哀慼生民之本盡矣死生之義備矣孝
子之事終也矣
明忠烈文明伯武英殿大學士黃道周妻蔡氏玉卿
書于石養山中

蔡玉卿小楷（局部）

大厦已倾危，诚难独木支。
同心济国事，谒力固皇基。
白水真人起，黄龙痛饮期。
公今肩巨任，勿负九重知。

她在诗中恳切地希望大家齐心协力，肩负起救亡的重任，强烈的民族气节跃然纸上。当黄道周带领1万多名学生、义民出征抗敌之际，她把家庭孩子、夫妻之情置之度外，鼓励丈夫“为国征戎狄，行行速出关”。黄道周殉难后，她教育孩子继承先父精神：“行看褒节文明伯，内殿谢恩预列班。”

蔡玉卿的诗歌，不论是思想内容还是艺术成就来说都是值得肯定的，她确实是明末一位有成就的女诗人。

清康熙三十三年（1694年）二月，蔡玉卿以83岁高龄与世长辞，与黄道周合葬一处。她被后人赞为“闺阁中的铁汉”“真女中豪杰”。

光照山河

黄道周忠贞不渝的民族气节，永远得到后人的敬仰和传颂。隆武帝听说黄道周壮烈殉国的经过，感动万分，罢朝悼念，赠他为“文明伯”，谥“忠烈”，在天兴府举行隆重吊祭，于福京为黄道周立“闵忠庙”，竖立“中兴大功坊”。在他的家乡漳浦立“报忠庙”，竖立“中兴盖辅坊”，表彰他的功绩，享百世俎豆，春秋奠祭。同时，封黄道周夫人蔡玉卿为一品夫人，对他的几个儿子各有加封。

郑成功也很敬佩黄道周的民族气节，在厦门建了一座惠烈祠，纪念他和其他抗清英烈。

就连清朝的乾隆皇帝也跨越民族隔阂，谥黄道周“忠端”，并降谕称赞他“立朝守正，风节凛然，其奏议慷慨极言，忠荩溢于简牍。卒之以身殉国，不愧一代完人。”

乾隆帝在《御制题胜朝殉节诸臣录序》中也说：“黄道周硕学清操，孤忠亮节，克全儒行，无愧贞臣，今谥忠端”。后来又颁布一道谕旨：“前因明季诸臣，如刘宗周、黄道周等立身行己，秉正不回。其抗疏直谏，皆意切于匡济时难，忠荩之忱，溢于简牍。已降旨将其违碍字句，酌量改易，无庸销毁。”说只须将他的作品中对清朝统治不利的字眼作少量改动，而不用全部销毁。

清代大学者蔡世远评论黄道周，说他忠孝两全，讲学著书，清正廉洁。而且他在文章、道学、经济、气节、天文、历数等方面样样精通，可谓奇人完人。

黄道周的学术涉及面广，著作极为丰富，影响深远，是明代福建的杰出人物，他为后人留下大量的著作和书画作品，这是一笔珍贵的精神财富，是中华民族优秀的文化遗产。世人称他“旷世伟人，全闽师表”。在他殉节后，许多学生弟子收集他的著作，编成集子，以示后人。

第六章

文章风节

黄道周的一生精于研究、勤于讲学、态度严谨、著作等身，对后世影响很大。而且他还写得一手好字，绘画也很有特色，写了大量的诗篇，这些都是他给后代留下的宝贵艺术遗产。

著述宏富

黄道周一生孜孜不倦地研究学术，著书立说，为后代留下了丰富的文化遗产。

对黄道周的著作，历代都有考研叙述，其中较全面的是厦门大学历史系侯真平教授所著《黄道周纪年著述书画考》，书中“著述版本考”说，作者曾经到北京、南京、上海、福州、漳州、厦门等地访得的127种今存或历来著录的黄道周单行本著述达数百万字，按学科或文体归为21类。其中《易经》类13种，《尚书》类4种，《诗经》类5种，《周礼》类1种，《礼记》类9种，《春秋》类3种，《孝经》类7种，乐律类1种，问业类5种，史学类11种，制艺类6种，时论类4种，奏疏类2种，类书类2种，诗赋类13种，书法理论类9种，尺牍类2种，类别待考类3种。另有后人为黄道周整理的别集19种，其中主要的有由他弟子明代洪思编著《黄子文集》约88卷、《石斋十二书》196卷。清道光六年（1826年）福建闽县人陈寿祺编著《黄漳浦集》50卷（另附所校《漳浦黄先生年谱》2卷），别称《明漳浦黄忠端公全集》，是黄道周诗文集较为全面的通行本，也是他的诗文集大成之作，共收入文815篇、诗702首、词1首，并且作了详细的校勘。从以上的列举来看，黄道周学识渊博，涉足天文地理、经史百家之说，领域十分广泛。

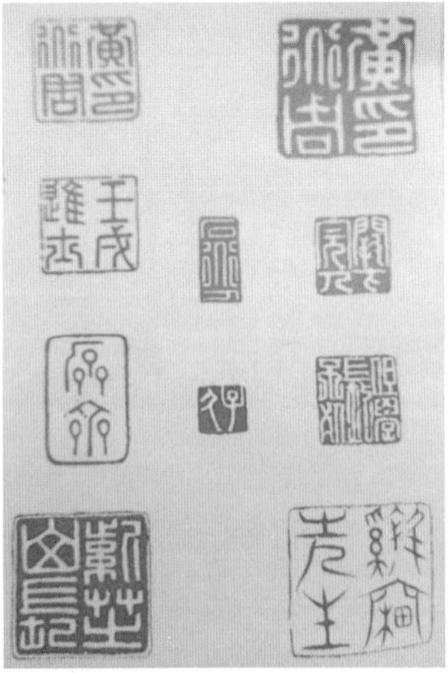

黄道周印章

黄道周的著作既有很大的广度，也有一定的深度。他在学术上最大的成就是研究《易经》，并写出许多相关著作。他从小就开始对此有浓厚的兴趣。《漳浦县志》记载他少年时在东山岛东门塔屿苦读

《易经》《离骚》。24岁作《易本象》。后来又撰写《三易洞玑》《易象正》。

学术勇气

黄道周能取得如此丰硕的成果，即使在逆境中仍孜孜以求，这与他宏阔的视野和高远的立意有关。

黄道周对人民感情深厚，他在《榕坛问业》第十五卷说："如不为天下百姓，要此己何用？"说明他研究学术是为社会服务的。他在《博物典·六韬》中说："天下非一人之天下，乃天下人之天下也。同天下之利者，则得天下；擅天下之利者，则失天下。"

崇祯五年正月，黄道周上《放门陈事疏》："臣自幼学《易》，以天道为准，以《诗》《春秋》推其运候，上下载籍二千四百年，考其治乱，百不失一。臣所学，本于周孔，无一毫穿凿。"说明黄道周做学术是为了考察历代的治国经验，以提供借鉴。

儒家传统治国平天下的远大志向在黄道周的学术生涯中得到了充分体现。

黄道周说："足先存于地，鱼先存于水，君先存于百姓""百姓存则与存，百姓亡则与亡。存百姓者，所以自存也。"他还说："天下之强弱，视于人才；人才之邪正，视于学术。"他视学术为国家治乱、盛衰的关键。《明史·黄道周传》说他的学术"言明天地之道，帝王之义，万物变化之纪"。

在学术的真伪、判别水准等方面，黄道周都有独到的见解。

黄道周的学术态度也可以成为后世楷模。在年轻时，他为了写《太咸经》《易本象》《春秋揆》等，常在东皋书舍闭门不出，其旁凿一个洞，只有问业者才能进去，以便专心致志地写作。

为了学习天文历法知识，他夜测星空，昼则布算。

在他被关押在刑部监狱和锦衣卫北镇抚司监狱的日子里，尽管身心受到极度摧残，但他仍坚持撰写《易象正》。

黄道周以奏疏为主的政论文，态度严肃，脉络分明，语言精确，陈词恳切，也是他学术著作的珍品。他先后上疏37次。奏疏67篇，约50万字，内容包括规劝皇帝整顿朝纲，改良政治；主张任用贤能，反对宠信小人；力主抗清，反对投降；弹劾权贵，不怕结仇；痛斥弊端，慷慨激昂。奏章深中时弊，抨击尖锐，扬忠抑佞，当为后世效法。

历代评价

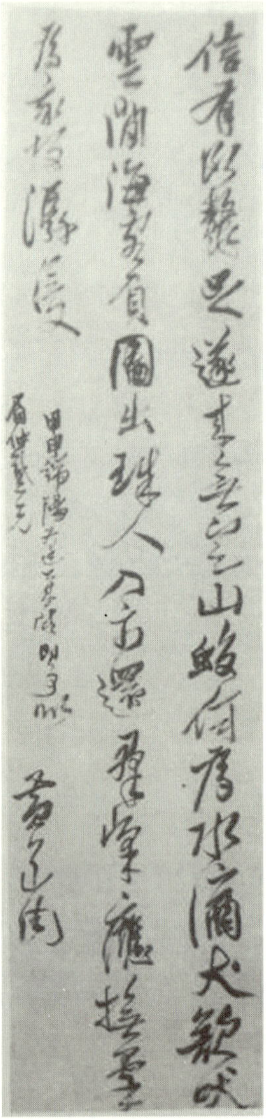
黄道周诗轴

历代名人、学者对黄道周的学术成就都给予了高度评价。《明史・黄道周传》赞道："学贯古今，所至学者云集。""以文章风节高天下，严冷方刚，不谐流俗。"

明代著名旅行家、地理学家徐霞客赞他说："至人惟一石斋，其字画为馆阁第一，文章为国朝第一，人品为海内第一，其学问直接周孔，为古今第一。"

清代徐鼒在《小腆纪年附考》中说他"精天文历数皇极诸书，所著《三易洞玑》《易象正》，学者穷年不能通其说。道周以推验治乱，其说多中。"

清乾隆皇帝称他为"一代完人"。清学者蓝鼎元评论他："旷世伟人，全闽师表。"清朱彝尊《经义考・三易洞玑》引黄宗羲语盛赞黄道周学“如武库无所不备，而尤邃于《易》历。”李兆民《明清福建理学家之概况》评价黄道周学术成就影响说：“石斋为明代闽学之殿将，影响后学甚大。”侯真平《黄道周纪年著述书画考》评价说：“道周的博学，在明代中后期反对多读书，崇尚‘简易功夫’，空谈心性的学风中，实属难能可贵。”

东山黄道周故居的黄道周像

纵观黄道周一生，政治上迭遭挫折，贫穷、贬斥、削职、坐牢、放逐，正如他自已说的“身经百折，体无完肤”。他处在这样困难的逆境中，竟然能刻苦坚持写出那么多著作。他的治学精神，实在令人敬佩万分，真正是中国历史上一位具有高尚气节的著名学者，影响波及海外。

诗歌成就

黄道周自青少年时期起，就勤奋好学，潜心苦读，努力创作，除了学术著作以外，他还经常吟诗作赋，创作了许多优秀的长篇短制，五言七言，律诗绝句。有学者对《黄漳浦集》作过统计，诗歌约有2356首之多，不愧为明代一位著名诗人。

黄道周的诗歌，题材广泛，内容丰富。他出身贫寒，同情人民，关心民间疾苦，痛恨腐败政治。他的诗歌创作不是无病呻吟，而是“百感俱集”“郁结而出”，他写过许多忧国忧民、针砭时弊的诗作；哀国家之衰亡，叹民生之多艰，怨朝廷之腐败，恨奸臣之误国，

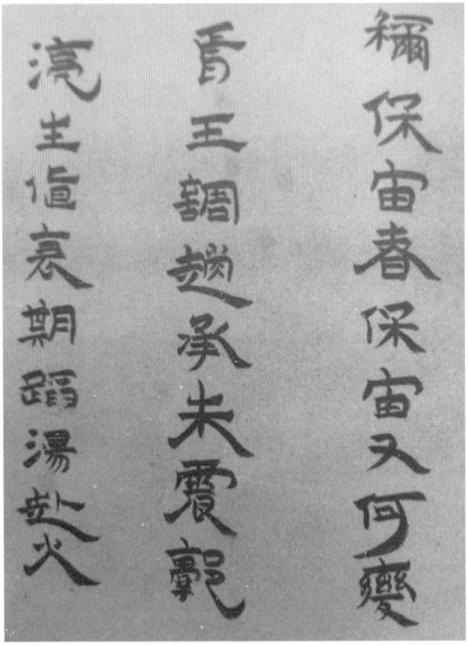

黄道周隶书

述怀感旧，借古讽今；师友相逢，亲友道别，常有佳作；他的诗作悲凉宏阔，风骨遒劲，极富魅力。他直指时政，怒斥奸臣，以诗代檄，口诛笔伐，篇篇珍品；咏物抒情，登山临水，常有美文；他关注天下大事、国家的强盛、社会的安宁、人生的苦乐，满怀赤子之心和忠君为民的情操。诗歌因人而更显丰满，人因诗歌而千古不朽。

以下选取几首黄道周有代表性的诗歌，做个简单赏析。

有一首《赴台留别亲友》是这样写的：

六十年来事已非，翻翻复复少生机，

老臣拼尽一腔血，会看中原万里归。

诗人面对危难的局势、人民的痛苦，满腔悲愤，要拼尽心血来挽救这破碎的山河，表现了强烈的爱国主义精神。

《感时》一诗反映了人民生活疾苦，朝政腐败：

非欲不雄飞，满朝尽嚄昔。

非不念同裳，穷闾苦搜索。

胡乃庙堂算，加赋俑如作。

致多失业民，驱彼觉蹻跖。

有一首《石头吟》反映了外侮入侵造成的白骨累累，千里荒废的凄凉景象：

百节难成无漏身，满天雷火洗前恩。

堆山玛瑙疑龙骨，到是石头白骨磷。

诗歌颂石头坚身硬骨，又何尝不是黄道周刚正不阿、不屈不挠的人格写照。

《武夷山诗》写出山水的雄奇美丽，又有强烈爱国激情：

旅客空多猿鸟愁，道人不记此重游。
书从数阅方知妙，山自三过始觉幽。
遗蜕丹翁长启齿，离经石子坐摇头。
沧桑世界河尘外，莫秋麟鸾十二洲。

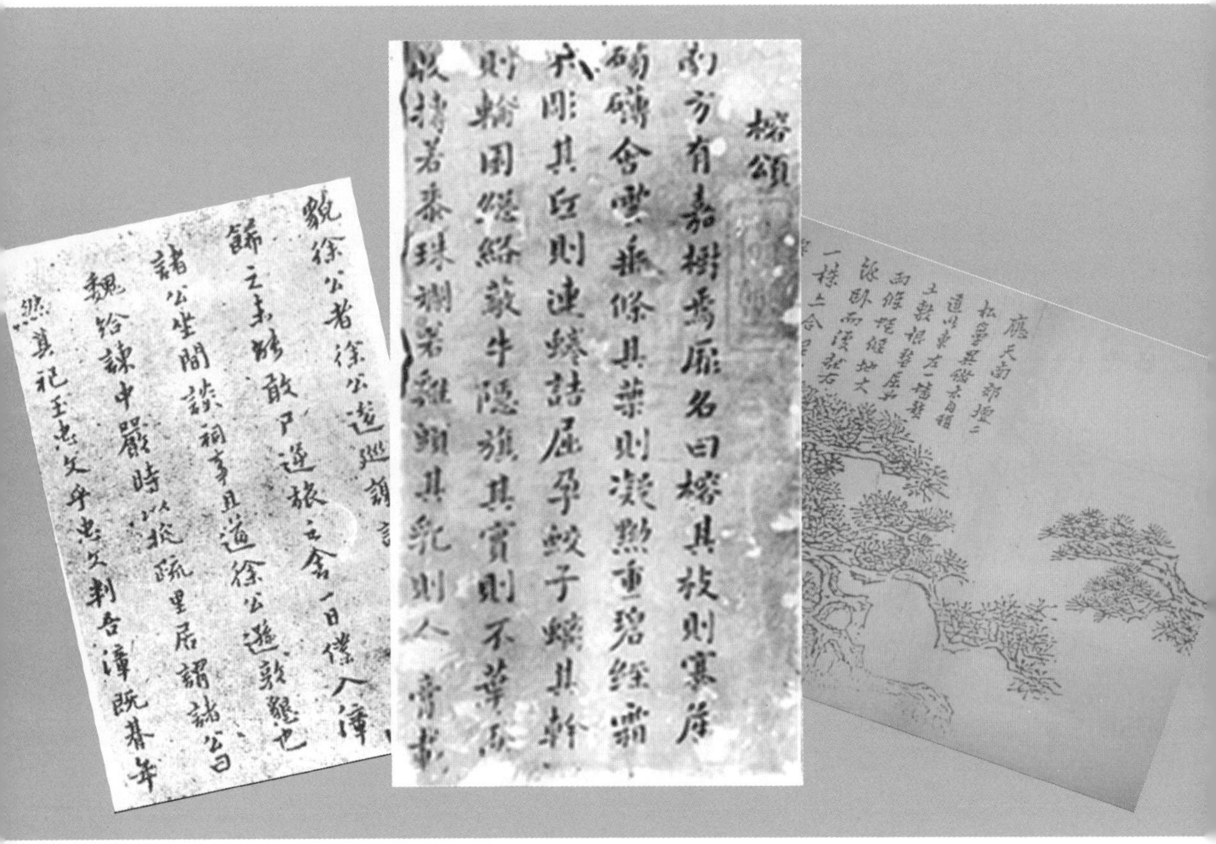

榕頌
南方有嘉樹焉厥名曰榕其枝則裊娜
磅礴含雲垂條其葉則凝黯重碧經霜
不雕其巨則連蜷詰屈孕鮫于鱗其幹
則蟠囷縷絡藏牛隱旗其實則不華而
成精若黍珠樹若雞頭其氣則人[illegible]

第七章

字画为馆阁第一

除了写文赋诗，黄道周还在书画艺术上有很高的造诣。他的书法和绘画风格独特，都极具阳刚之气，也是他个人品格的真实写照。

黄道周是著名的书画家，是中国书法史上的一座丰碑。

黄道周将自己的书法看作是治学与从政之余的消遣，正如他在50岁前后所写的《书品论》中所说：“作书是学问中第七、八乘事，切勿以此关心。”

然而，黄道周自己不太看重的书法艺术，却被后世数以千计的书法学子视如拱璧，亲之、敬之、爱之、宝之、叹之，至今仍以独特的风格在书法界占据着一席之地。黄道周声称不看重书法。但是他善隶书、狂草、行书、楷书，尤其是狂草颇显功力。从书写的内容来看，涉及面也较广，可分为自作诗词、讲稿、疏论、题跋、名人墓表、录唐人诗词等。他有手卷、中堂、条幅、册页等流传于世。东山、漳浦等地也有黄道周手书真迹。

黄道周人品好，学术修养深，书法意境随之而上。他一生崇尚“忠孝节义”，以此为座右铭。他秉性耿直，刚正不阿，仗义执言，一生忧国忧民，以天下为己任。他疾恶如仇，在任上不畏强权，直言敢谏。他临终前挥笔绝书“纲常万古，节义千秋，天地知我，家人无忧”，铮铮16字，惊天地泣鬼神。他将坚韧和刚毅的性格融于倾心挥毫的书艺之中，字里行间洋溢着忠义之气和爱国爱民之心，黄道周一生际遇坎坷，社会的急剧动荡和由此产生的报国之情、怀才不遇的心境，都转化成一种强烈的气韵而流溢于字里行间。

黄道周的书法作品冲破时俗之牢笼，越出宋元之窠臼，博采众长，融会贯通，取法魏晋，兼法六朝，远师钟繇，再参索靖草法，能得精髓而不袭其貌，挹其英萃而自出所意，别树一帜，自成一家，人称“漳浦体”。其书法如其人品一样刚正不阿，不谐流俗，具有强烈的个性，融百家之长，成为明代书坛突出的大家。

黄道周有独特的书法风格：峻劲方正，潇洒流丽，刚中带柔，拙朴沉毅，险峭见胜，极具挺拔、阳刚之气，转折处多用逆势的翻折笔，如刀削斧斫，断崖峭壁，风骨峭然，傲然奇崛，奇险高古，严冷

黄道周篆文

方刚，豪情奔放，是他人格的真实写照。

黄道周所写的《周顺昌神道碑卷》《孝经册》等文章，打破了传统书法四平八稳的结字法，故意在字的搭配上造成险峻峭拔之势，质朴古雅，线条朴厚。由于他深谙隶法，运古熔今，将古文字和金文笔法稍作变化后，掺入小楷中，结合得相当自然，使人耳目一新。

《榕颂》是他楷书的代表作，现存东山县图书馆，共10页，峭厉方劲，骨气沉稳，体兼众妙，十分精致。清人宋荦评价他的楷书“意气密丽，如飞鸿舞鹤，令人叫绝”。

黄道周的隶书敢于破禁立异，横画和捺锋均状如朴刀，随自挑剔，生硬尖利，失去字的平衡感，产生了飘逸失重的感觉。他的起收笔都以露锋出之，转折之间，圭角毕露。

现存于紫阳学院的黄道周早年隶书“白云深处”石刻，继承汉碑华美派之衣钵，用笔奥折而能洞达，顿挫而能飞扬，也自成一体。

黄道周的行草代表作有《洗心诗》《榕坛问业》等，它们承继张芝一挥而就、气脉通连、隔行不断的书风，博采众长，形成了笔势刚毅有力、飞动变化、痛快沉着、既险劲又稳重的风格。观其字，有时如和风偃草，披美缤纷，有时跃动如急湍下流，一泻千里，其章法字紧行疏，虚实相生，横无法，竖成

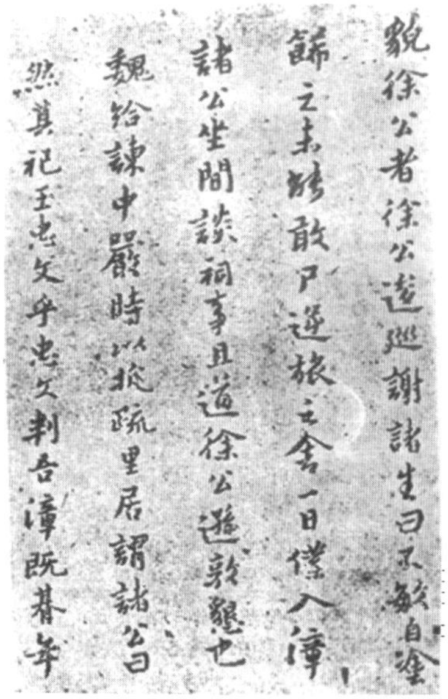

黄道周楷文

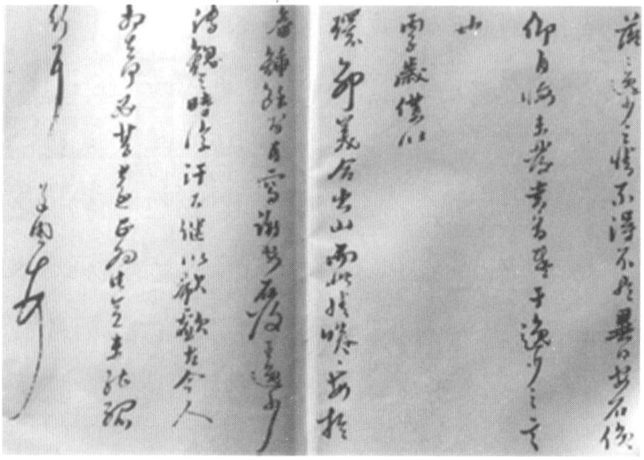

黄道周草书

列，行距很远，形成密不透风的字与宽可走马的行之间的强烈对比。结字奇拙，以顿驻为涵容，构造夸张，以茂密寓历落。点画任意收缩、扩张，用笔既提疾徐缓，夸大线条的流量长度，又以奇险制胜。他的点画虽奇而不离法度，将古朴之韵注入行草之中。他遒密酣畅的书风，一扫当时因循女媚的风气，对后来清代书法产生了深远的影响。

黄道周在漳州地区的东山、漳浦、龙海、平和等地留下许多碑刻、墓志、手书，如东山关帝庙有一副他的手书对联：“数定三分扶炎汉平吴削魏辛苦倍常未了一生事业；志存一统佐熙明降魔伏虏威

黄道周为东山关帝庙手书对联

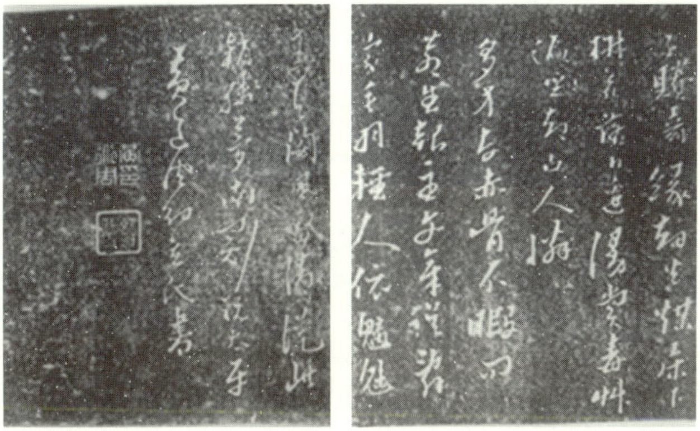
黄道周草书

灵丕振只完当日精忠”，精辟地概括了关羽一生的业绩，勉励世人弘扬关羽的民族气节和义勇精神，以抵御外来侵略，维护国家统一。楷书字体气势磅礴，古朴雄浑，潇洒流丽。这副对联随着东山关帝庙香火远播，传到台湾和东南亚各地。黄道周在东山家乡还留下一本珍贵的手书《榕颂》，赞扬榕树的高贵品质，借物喻人，讲明做人的道理。在漳浦石斋讲学处，有自作对联：“人从剥腹后始见天地之心，我在畎亩中犹乐尧舜之道”。漳浦北山黄道周父母墓地，留有黄道周为父亲所写的极为珍贵的《赠考青原公墓碑》石刻，嵌在墓正中，篆文22行，每行8字，共176字，大径寸；墓后有一道卧碑，上刻“青原系岁”四个大字，二碑共215字，是最珍贵的黄道周篆书书法艺术。在龙海郧山讲堂有黄道周手书摩崖石刻遗迹“蓬莱峡”“芙蓉峡”“墨池”“鸟道不绝风云通”等，用笔劲直，气势高雅，古朴雄浑。在平和县九峰镇，黄道周留有楷书《平和县鼎建王文成公祠碑记》，共1117字。

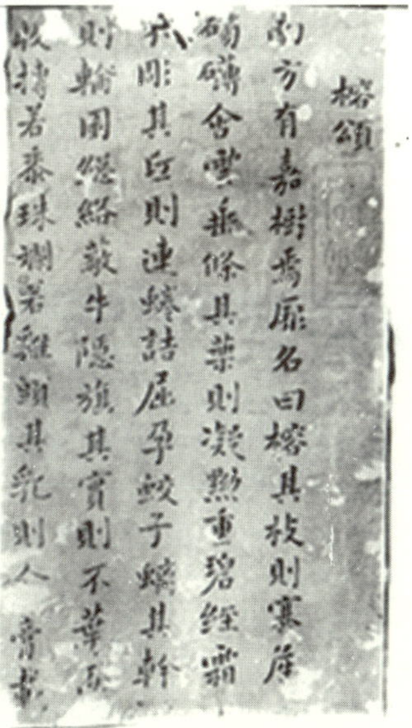
《榕颂》

后代书法名家对黄道周的书法都予以高度评价。清代著名书法家何绍基说他的书法“根据晋人（王羲之等），兼涉北朝（魏碑），刚劲之中，自成精熟，迥非文（文征

《十八松图卷》（局部）

明）、董（董其昌）辈所敢望。”清代王有龄也说：“忠端为一代理学名臣，其遗墨片纸只字皆当珍。”现代人戴小京说黄道周“无论刻石精工的楷书还是落笔纷披的行草，都是笔力惊艳，点画沉实，其用笔之精熟，结构之稳健，谋篇之合度，均得极尽流畅自然之致，毫无牵强之感。这，若非深于功力而谙于法度者，是办不到的”。

黄道周又是一位卓有成就的山水画家。他饱览了祖国许多名山大川，看过南方绿树成荫的榕树和北方傲雪挺拔的劲松，他热爱祖国的山山水水，更喜欢家乡各具风姿的榕树，写下了著名的《榕颂》，歌颂榕树的高贵品质。黄道周在他的画松跋中写道：“儿时喜写松柏，常以奇挺为能。”他游览名山后，创作了众多以松为题材的画作，奇气郁勃，英风飘逸，画风精湛，极其珍贵。

黄道周中年所作《松石长卷》，集天下奇松怪石于咫尺缣帛之中，其画风格高雅，结构严谨，功力雄厚。山石线如铮铮铁骨，松枝线则挺拔刚健，把峥嵘苍劲的奇松画得惟妙惟肖，生动准确。这些松树各具风姿，或拔地参天，或豁腹虬形，刚毅如壮士，矢矫如虬龙。傲立于高山之巅，经风霜，冒雪雨，顽强不屈。他自身那才气纵横、严冷方正、气壮山河、节义千秋之相跃然纸上。《武夷泛棹图》是黄道周晚年泛舟武夷时所作，其中武夷之胜独越不群，将山川之灵秀、草木之神韵、云气之飘缈体现得淋漓尽致，不着丹青，能得清新悦目、隽逸潇洒之效；看似清简淡远，实则寓伟峻深厚于清远之中。题跋的书法老健，铁画银钩，更有助于表现画意。《桐阴论画》对此的评价是："黄忠端公道周画格磊落，奇气郁勃，纯乎士气……盖先生画深灏流转，元气淋漓，实由其书溢而画也。"

纵观黄道周所作山水人物、长松怪石，都极为奇特磊落、风神超逸。以书入画，熔诗书画印为一炉，纳天下名山精英为一卷，发正气凛然结撰而成，藉诗书画抒情言志，寄兴寓意。

黄道周一生创办了明诚堂、邺山书院、大涤书院，并在各处讲学，他的足迹遍及全国各地，留下许多诗文和书画作品，遗墨流传到世界各地。

延伸阅读

《明史·黄道周传》

《漳浦县志·黄道周传》

《东山县志·黄道周传》

《黄漳浦集》，黄道周著，陈寿祺编

《石斋逸诗》，黄道周著

《文明夫人行状》，洪思撰

《黄子年谱》，洪思编

《漳浦黄先生年谱》，庄起俦编

侯真平. 黄道周纪年著述书画考. 厦门：厦门大学出版社，1995.

洪思等撰，侯真平、娄曾泉校点. 黄道周年谱·附传记. 福州：福建人民出版社，1999.

顾诚. 南明史. 北京：中国青年出版社，2011.

孙英龙. 中国历史名人——黄道周. 北京：中国文史出版社，2014.

孙英龙. 黄道周研究文集. 福州：福建教育出版社，1995.

后　记

福建，山海相拥，人杰地灵，人文荟萃，英才辈出，产生了许多伟大的思想家、文学家、教育家、科学家和民族英雄、爱国先驱、革命将士、时代楷模。他们的教育成长、道德品行和思想文章，是福建的宝贵精神财富，教育和激励着一代代福建人努力学习、奋勇前行。福建省社会科学界联合会组织编写的“福建历史文化名人丛书”，以福建历史名人为题材，古今结合，意在从高处着眼、从基础着手，普及人文社会科学知识，促进人文道德养成，使社会科学知识走进大众、走进生活、走进现实，让更多的人了解福建历史名人，弘扬优秀传统文化，增强福建文化影响力和感染力，为建设文化强省添砖加瓦。

“福建历史文化名人丛书”（第一辑）所包含的朱熹、林则徐、严复、陈嘉庚、王审知、杨时、郑成功、黄道周、林语堂、林纾10个人物故事，记录了福建文化之于中国历史的影响，同时也以人物史的叙述方式生动地展现出中国人文精神的风骨和传统文化的传承。人物篇以人物生平为线索，在故事中体现传主的学问、事功、道德，凸显他们在中华文明进程中的重要作用，深入挖掘和阐发其内在精神，从而激起读者爱国爱乡的强烈情感，使之成为涵养社会主义核心价值观的重要源泉。

这套丛书以广大群众为读者对象，尤其是各年龄段的学生群体以及受过中等教育的读者，他们对这些历史名人的认知，大多来源于历史课本、乡土教材、文化景点和博物馆，很难形成具体、深入、系统的认识。丛书深入浅出，雅俗共赏，通过一个个生动精彩的故事带领读者走进福建历史，走入人文社会科学的知识殿堂，融故事性、知识

性、趣味性、可读性于一体，对提升大众的阅读水平，普及社会科学知识、提高人文社会科学文化素养和思想道德素质有着积极的作用。

福建省社科联党组书记、副主席冯潮华对编撰出版工作提出明确要求，给予大力支持。省社科联党组成员、副主席缪建萍亲自指导本书的策划和编写。省社科联普及部的缪旭明、杨文飞、林彤、李培鋗等具体组织实施本丛书的编撰出版工作。

马照南、汪征鲁、林国平、刘传标、刘小新、王日根、茅林立、林焱、黄启权等专家学者对丛书写作大纲和书稿进行了认真审读，并提出了许多很好的意见和建议，在此表示感谢！

由于编纂出版时间紧，经验和水平有限，疏漏在所难免，敬请广大读者批评指正！

编委会

2016年2月